Володимир Зеленський.
Volodymyr Zelensky

To President Zelensky
and Ukrainian warriors

Присвячую
Президенту Зеленському
та українським воїнам

Audio and Video courses are avaiable per request yurchenko.hanna@gmail.com

Contents

УРОК 1

ПИСАНКА

ЦІКАВІ МІСЦЯ PLACES

Київський національний університет імені Тараса Шевченка.

Taras Shevchenko National University of Kyiv

Audio 1.1. Listen, read and translate

Вітáємо!
Цей урóк присвя́чений цікáвим місця́м України. Готóві до пóдорожі?

Welcome!
This lesson is about interesting places in Ukraine. Are you ready for a trip?

Audio 1.2. Listen and read

Вітáємо! - welcome!
цей - this
урóк - lesson
присвя́чений - is about
цікáвий - interesting
мíсце - place
Україна - Ukraine
готóвий - ready
пóдорож - trip

ЛАСКАВО ПРОСИМО!

КИЇВ. KYIV

Audio 1.3. Listen, read and translate

Ки́їв – столи́ця та найбі́льше мі́сто Украї́ни. Це фіна́нсовий, науко́вий та промисло́вий центр краї́ни. У Ки́єві живе́ по́над три мільйо́ни люде́й.

Kyiv is the capital and the largest city in Ukraine. It is the financial, scientific and industrial center of the country. More than three million people live in Kyiv.

**Києво-Печерська лавра.
Kyiv Pechersk Lavra**

Ки́їв – ду́же да́внє мі́сто. За леге́ндою, його́ заснува́ли тро́є бра́тів – Кий, Щек та Хори́в, а та́кож їхня сестра́ Ли́бідь. Ки́їв був столи́цею Ки́ївської Русі́, вели́кої та могу́тньої держа́ви.

Kyiv is a very ancient city. According to the legend, it was founded by three brothers – Kyi, Shchek and Khoriv, as well as their sister Lybid. Kyiv was the capital of Kyivan Rus, a great and powerful state.

столи́ця - capital	по́над - over
найбі́льший - the largest	мільйо́н - million
фіна́нсовий - financial	да́вній - ancient
науко́вий - scientific	леге́нда - legend
промисло́вий - industrial	заснува́ти - found
центр - center	Ки́ївська Русь - Kyivan Rus
краї́на - country	могу́тній - powerful

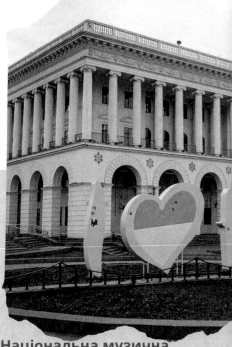

**Національна музична
академія України. National
Music Academy of Ukraine**

ЩО ЦІКА́ВОГО?
WHAT'S INTERESTING?

Audio 1.4. Listen, read and translate

Котле́та по-ки́ївськи – фі́рмова стра́ва та візи́тна ка́ртка Ки́єва. Її́ готу́ють з ку́рячого філе́ та вершко́вого ма́сла. Тако́ж додаю́ть те́ртий сир, гриби, зе́лень, яє́чний жовто́к та спе́ції.

Chicken Kyiv is a special dish and a symbol of Kyiv. It is cooked with chicken fillet and butter. Grated cheese, mushrooms, greens, egg yolk and spices are also added.

Котлета по-київськи. Chicken Kiev

Музе́й наро́дної архітекту́ри та по́буту Украї́ни (Пироѓів) – музе́й про́сто не́ба. Розташо́ваний у Голосі́ївському райо́ні мі́ста Ки́єва. У музе́ї предста́влено буди́нки з багатьох регіо́нів Украї́ни.

The Museum of Ukrainian Traditional Architecture (Pirogiv) is an open-air museum. It is located in the Holosiivskyi district of Kyiv. The museum presents houses from many regions of Ukraine.

Національний музей народної архітектури та побуту України. The National Museum of Ukrainan Traditional Architecture

Audio 1.5. Listen, read and translate

Девід: Привіт, Олéно. Куди́ сьогóдні ви́рушимо?

Олена: Привíт, Дéвіде. Я б хотíла погуля́ти в цéнтрі Ки́єва.

Д.: Гара́зд, тодí їдьмо в центр!

О.: Чудóво, я давнó не була́ на Хреща́тику. Ціка́во подиви́тися.

Д.: Менí теж.

David: Hi, Olena. Where are we going today?

Olena: Hi, David. I would like to take a walk in the center of Kyiv.

D.: Okay, let's go to the center then!

O.: Great, I haven't been to Khreshchatyk for a long time. It will be interesting to see.

D.: For me too.

Хрещатик. Khreschatyk

куди́ - where
сьогóдні - today
ви́рушити - go
погуля́ти - take a walk
цéнтр - center
гара́зд - ok
тодí - then
їдьмо - let's go

чудóво - wonderful
давнó - for a long time
Хреща́тик - Khreschatyk (the central street in Kyiv)
ціка́во - interesting
подиви́тися - see
менí теж - me too

Час граматики. Grammar time
Рід іменників. Gender of nouns

Let's read the words

Уро́к, мі́сце, Украї́на, столи́ця, мі́сто, центр, краї́на, мільйо́н.

If we put these words in a table, it would look like this:

Feminine gender	Masculine gender	Neuter gender
Украї́на	уро́к	мі́сце
столи́ця	центр	мі́сто
краї́на	мільйо́н	

Note:

Ukrainian feminine nouns often have endings **-а, -я.** Masculine nouns usually have **a zero ending** in the Nominative case singular. And neuter gender nouns have **-о, -е** endings.

Audio 1.6. Listen, read and write the gender of the nouns

По́ле, кущ, робо́та, вода́, мо́ре, дім, земля́, мі́сяць, стіна́, о́зеро, квито́к, украї́нець, газе́та, студе́нт, ра́діо, ключ, Ки́їв, співа́к, поете́са, прі́звище, валі́за.

Софійський собор (Київ). Saint Sophia Cathedral in Kyiv

Львів. Lviv

Audio 1.7. Listen, read and translate

Львів був засно́ваний короле́м Дани́лом в 1230-х (ти́сяча дві́сті тридця́тих) рока́х. В 1272 (ти́сяча дві́сті сімдеся́т дру́гому) ро́ці мі́сто ста́ло столи́цею Королі́вства Ру́ського.

Lviv was founded by King Daniel in 1231-1235. In 1272, the city became the capital of the Kingdom of Ruthenia.

По́над чоти́ри столі́ття Львів знахо́дився під вла́дою Королі́вства По́льського. У сере́дні віки́ Львів був важли́вим торгове́льним це́нтром. За́раз Львів – найбі́льше мі́сто в За́хідній Украї́ні.

For more than four centuries Lviv was under the rule of the Polish Kingdom. During the Middle Ages, Lviv was an important trade center. Nowadays, Lviv is the largest city in Western Ukraine.

**Льві́вська ра́туша.
Lviv City Hall**

засно́ваний - founded
коро́ль - king
мі́сто - city
ста́ти - become
столи́ця - capital
Королі́вство Ру́ське - Kingdom of Ruthenia
по́над - more than
столі́ття - century

знахо́дитися під вла́дою - be under the rule
Королі́вство По́льське - Polish Kingdom
сере́дні віки́ - Middle Ages
важли́вий - important
торгове́льний - trade
найбі́льше - the largest
За́хідна Украї́на - Western Ukraine

ЩО СПРÓБУВАТИ?
WHAT TO TRY?

Audio 1.8. Listen, read and translate

Істóрія "Кáви зі Львóва" почина́ється у 1829 (ти́сяча вісімсóт два́дцять дев'я́тому) рóці. Са́ме тоді́ відкри́лася пéрша кав'я́рня, яки́х тепéр у мíсті бéзліч. І скрізь ви мóжете спрóбувати чудóву львíвську ка́ву.

The history of "Lviv Coffee" begins in 1829, when the first coffee shop opened, and now there are many in the city. So everywhere you can try wonderful Lviv coffee.

Львів. Площа Ринок.
Lviv. Rynok Square

ЩО ПОБА́ЧИТИ?
WHAT TO SEE?

Плóща Ри́нок знахóдиться у цéнтрі Львóва. Тут сóрок чоти́ри різноманíтні буди́нки з ка́меню, на́звані кам'яни́цями. У цéнтрі плóщі знахóдиться ра́туша. В основнóму, будíвлі в сти́лі ренеса́нсу, і кóжна з них є па́м'яткою архітекту́ри.

Rynok Square is located in the center of Lviv. There are forty-four different stone houses called kamyanytsya. In the center of the square is the City Hall. Most of the buildings are in the Renaissance style, and each of them is an architectural monument.

Audio 1.9. Listen, read and translate

Рéйчел: Ми вже дéкілька днів у Львóві, а ще не спрóбували кáву.

Стéфані: Спрáвді, потрíбно скуштувáти.

Р.: Ти знáєш гáрні кав'я́рні бíля готéлю?

С.: Однý хвили́ну, я мáю перевíрити в Інтернéті.

Р.: Чудóво, дя́кую.

С.: Так, є непогáна кав'я́рня зóвсім пóруч. Це п'ять хвили́н пíшки.

Р.: Ходíмо, я так давнó мрíяла про це!

С.: Гарáзд, рушáймо!

Rachel: We've been in Lviv for a few days now and haven't tasted coffee yet.

Stefanie: Really, we have to try.

R .: Do you know good cafés near the hotel?

S .: One minute, I have to check online.

R .: Great, thank you.

S .: Yes, there is a good café right next door. It's five minutes walk.

R .: Let's go, I've been dreaming about this for so long!

S .: Okay, let's go!

дéкілька - a few	непогáний - not bad, good
спрóбувати - taste, try	зóвсім пóруч - very close, next door
спрáвді - really	п'ять хвили́н - five minutes
потрíбно скуштувáти - we need to try	пíшки - on foot
гáрний - good	ходíмо - let's go
кав'я́рня - café	давнó - for long
однý хвили́ну - one minute	мрíяти - dream
я мáю - I have to	гарáзд - okay
перевíрити в Інтернéті - check online	рушáймо - let's go
чудóво - great	

Час грама́тики. Grammar time
Наказо́вий спо́сіб. Imperative

When we ask someone to do something, we use
Imperative: *дай – give, принесі́ть – bring, ході́мо –
let's go.*

In Ukrainian language we use Imperative for **one
person (you)** and a **group of people (we, you)**.

To form the Imperative, we need to see if the ending is
under stress.

Person	Ending under stress	Other cases
Ти (2nd person singular)	-й (пиши́)	_, -ь (сядь)
Ми (1st person plural)	-імо (пиши́мо)	-мо, -ьмо (ся́дьмо)
Ви (2nd person plural)	-іть (пиши́ть)	-те, -ьте (ся́дьте)

Let's practice!
Form the imperative, paying attention to stresses.

Зна́ти – знай, зна́ймо, зна́йте

Чита́ти – _____

Стоя́ти – _____

Прихо́дити – _____

Сказа́ти – скажи́, скажі́мо, скажі́ть

Писа́ти – _____

Сиді́ти – _____

Роби́ти – _____

Львів. Старе місто
Lviv. Old Town

УРОК 2

ПРИРОДА
NATURE

ПИСАНКА

Українські Карпа́ти.
The Ukrainian Carpathians

Audio 2.1. Listen, read and translate

Украї́нські Карпа́ти поділя́ються на три части́ни: Бески́ди, Горга́ни й Чорного́ра. Найви́ща верши́на Карпа́т в Украї́ні – гора́ Гове́рла. Її висота́ – 2061 (дві ти́сячі шістдеся́т оди́н) метр. У Карпа́тах беру́ть поча́ток рі́ки Дні́стер, Прут, Ти́са, Черемо́ш та і́нші.

The Ukrainian Carpathians are divided into three parts: the Beskids, the Gorgans and the Chornohora. The highest peak of the Carpathians in Ukraine is Mount Hoverla. Its height is 2061 (two thousand sixty one) meters. The Dniester, Prut, Tisa, Cheremosh and other rivers originate in the Carpathians.

Карпа́ти - Carpathians
поділя́тися - be divided
части́на - part
найви́щий - the highest
верши́на - summit
висота́ - hight

бра́ти поча́ток - originate
ріка́ - river
Дні́стер - Dnister
Прут - Prut
Ти́са - Tysa
Черемо́ш - Cheremosh

Полони́на. Polonyna

Полони́ни – це лу́ки Карпа́т, що тя́гнуться на бага́то кіломе́трів. Ду́же га́рні вони́ навесні́, коли́ вся полони́на вкри́та яскра́вими кві́тами.

The Polonynas are the meadows of the Carpathians spreading for many kilometers. They are very beautiful in the spring, when the whole meadow is covered with bright flowers.

Тут росту́ть едельве́йси, фіа́лки, а́йстри, ма́ки та і́нші кві́ти. Тако́ж полони́ни вкри́ті густи́ми й сокови́тими тра́вами.

Edelweiss, violets, asters, poppies and other flowers grow here. The meadows are also covered with thick and lush grass.

лу́ка - meadow
тягну́тися - spread
навесні́ - in spring
вкри́тий - covered
яскра́вий - bright
кві́тка - flower
рости́ - grow
едельве́йс - edelweiss
фіа́лка - violet
а́йстра - aster
мак - poppy
густи́й - lush
сокови́тий - juicy
трава́ - grass

ЩО СПРÓБУВАТИ?
WHAT TO TRY?

Audio 2.3. Listen, read and translate

Бáнуш - кукурýдзяна кáша на вершкáх. Такóж додаю́ть бекóн, гриби́, бри́нзу тóщо. Це візи́тна кáртка карпáтського регіóну, і ви мóжете скуштувáти бáнуш у кóжному ресторáні.

Banush is corn porridge with cream. Also add bacon, mushrooms, cheese and more. This is the symbol of the Carpathian region, and you can taste banush in every restaurant.

ЩО ПОБÁЧИТИ?
WHAT TO SEE?

Якщó Ви лю́бите прирóду та акти́вний відпочи́нок, відвíдайте Карпáтський заповíдник. На терито́рії є карпáтські ліси́ та лýки, і найголовнíше – горá Говéрла та íнші верши́ни Карпáт. Такóж тут знахóдиться географíчний Центр Єврóпи.

If you love nature and active recreation, visit the Carpathian Reserve. This park include Carpathian forests and meadows, and most importantly, Mount Hoverla and other peaks of the Carpathians. It is also home to the geographical center of Europe.

Лука: Тíме, як тобí Карпáтський заповíдник?

Тім: Це прóсто неймовíрно. Я врáжений.

Л.: Я такóж. Я нікóли не бáчив стíльки дерéв.

Т.: І навкругú самí гóри.

Л.: Так, я дýже люблю́ Карпáти.

Т.: Алé я страшéнно втомúвся.

Л.: І не кажú. Зáвтра відпочивáтиму цíлий день.

Luca: Tim, did you like the Carpathian Reserve?

Tim: It's just incredible. I'm impressed.

L.: Me too. I have never seen so many trees.

T.: And the mountains surrounding it.

L.: Yes, I love the Carpathians very much.

T.: But I am so tired.

L.: Oh, you bet. Tomorrow I will rest all day.

заповíдник - reserve
неймовíрно - incredible
врáжений - impressed
навкругú - around
самí - only

страшéнно - so
втомúтися - tired
І не кажú. - You bet.
відпочивáти - have rest
цíлий день - all day long

Час граматики. Grammar time
Множина́ іме́нників. Plural nouns

To form a plural of Ukrainian nouns, we need to add the endings **-и, -і, -а, -я**: *буди́нки, гру́ші, се́ла, моря́.* **Pay attention! The stress often changes as well.**

When **masculine** and **feminine** nouns end with a **hard** consonant, in plural we need to add **-и**: *чолові́к – чоловікі́, жі́нка – жінкі́.*

When **masculine** and **feminine** nouns have a **soft** consonant, in plural the ending is **-і**: *олівець – олівці́, пі́сня – пісні́.*

When **neuter** nouns end with **-о**, in plural we need to add **-а**: *вікно́ – ві́кна, о́зеро – озе́ра.*

When **neuter** nouns end with **-е**, in plural they require **-я**: *мо́ре – моря́, по́ле – поля́.*

Let's practice. Write the plural nouns. Pay attention to stresses.

день – _____   ву́лиця – _____
ба́тько – _____   кві́тка – _____
ма́ма – _____   я́блуко – _____
ліс – _____   брат – _____
зі́рка – _____   крі́сло – _____
мо́ре – _____   о́зеро – _____
дах – _____   доро́га – _____
кни́жка – _____   де́рево – _____

The key: дні, батькі́, ма́ми, лісі́, зіркі́, моря́, дахі́, книжкі́, ву́лиці, кві́ти, я́блука, брати́, крі́сла, озе́ра, доро́ги, дере́ва.

20

Чо́рне мо́ре. The Black Sea

Audio 2.5. Listen, read and translate

Украї́на — морська́ держа́ва. Да́вні гре́ки називáли Чóрне мóре Гостúнним. І спрáвді, зáраз це велúкий курóртний регіóн. Такóж тут вилóвлюють рúбу (ставрúда, скýмбрія, тю́лька, кефáль та íнші).

Ukraine is a maritime state. The ancient Greeks called the Black Sea "Hospitable". And indeed, it is a large resort region now. They also catch fish here, including mackerel, scomber, sprats, and mullet.

У Чóрному мóрі є велúкі запáси прирóдного гáзу. Крім тóго, мóрем перевóзять зернó, залíзну рудý, корúсні копáлини та багáто íншого.

The Black Sea has large reserves of natural gas. Moreover, by sea they transport grains, iron ore, minerals and much more.

морськá держáва - maritime state
дáвні грéки - ancient Greeks
називáти - call
Чóрне мóре - the Black Sea
гостúнний - hospitable
спрáвді - indeed
курóртний регіóн - resort region
вилóвлювати - catch
ставрúда - mackerel

скýмбрія - scomber
тю́лька - sprat
кефáль - mullet
запáси - reserves
прирóдний гáз - natural gas
перевóзити - transport
зернó - grain
залíзна рудá - iron ore
корúсні копáлини - minerals

Флóра та фáуна. Flora and fauna

Audio 2.6. Listen, read and translate

На глибинí нѝжче 200 (двохсóт) мéтрів Чóрне мóре насѝчене сірковóднем. Тут мóжуть жѝти лишé бактéрії. У мóрі є багáто вѝдів вóдоростей.

At the depth of more than 200 meters, the Black Sea is saturated with hydrogen sulfide. Only bacteria can live here. There are many species of algae in the sea.

Тварѝнний світ дýже різноманíтний. Тут мéшкають медýзи: аурéлія та коренерóт, молю́ски: мíдії та ýстриці, ракоподíбні: крáби та кревéтки.

The animal world is very diverse. There are jellyfish: aurelia and rhizome; mollusks: mussels and oysters; as well as crayfish: crabs and shrimp.

І звíсно, тут багáто різноманíтної рѝби. У мóрі живé три вѝди дельфíнів. Чáсом трапля́ються тюлéні.

And of course, there are many different kinds of fish. Three species of dolphins also live in the sea. Sometimes we can spot seals.

насѝчене - saturated
сірковóдень - hydrogen sulfide
бактéрії - bacteria
вóдорості - algae
тварѝнний світ - animal world
різноманíтний - diverse
медýзи - jellyfish
аурéлія - aurelia
коренерóт - rhizome

молю́ск - mollusk
мíдія - mussel
ýстриця - oyster
ракоподíбні - crayfish
краб - crab
кревéтка - shrimp
дельфíн - dolphin
трапля́тися - be spotted
тюлéнь - seals

ЩО СПРÓБУВАТИ?
WHAT TO TRY?

Audio 2.7. Listen, read and translate

Смачнá рѝба – це візѝтна кáртка Одéси. У місцéвих ресторáнах та кафé ви змóжете насолодѝтися свіжим улóвом у приємній атмосфéрі. Ніжна барабýлька, смачнá камбалá та знаменѝті одéські бичкѝ.

Delicious fish is a symbol of Odesa. In local restaurants and cafés, you can enjoy delicious seafood in a pleasant atmosphere. Tender red mullet, tasty flounder and famous Odesa gobies.

ЩО ПОБÁЧИТИ?
WHAT TO SEE?

Дунáйський заповíдник – унікáльне місце з колóніями птахíв на мілковóдді. Найвідóміші – рожéві пелікáни, що прилітáють сюдѝ щорóку. У заповíднику є ділянки лісíв, лук та степíв. Це незабýтнє місце, де зустрічáються мóре та рíчка, степ та ліс.

The Danube National Park is a unique place with colonies of birds in shallow water. The most famous are pink pelicans, which fly here every year. There are forests, meadows and steppes in the park. This is an unforgettable place where the sea and the river, the steppe and the forest meet.

Audio 2.8. Listen, read and translate

Тере́за: Обо́жнюю Оде́су! Тут чудо́ва архітекту́ра, прекра́сна приро́да, мо́ре неподалі́к…

Джу́лія: Так, але́ мені́ хо́четься поба́чити ди́ку приро́ду.

Т.: Спра́вді? Тоді́ руша́ймо в Дуна́йський запові́дник. Я чу́ла, там ду́же га́рно.

Д.: Чудо́ва іде́я! Мені́ подо́баються ди́кі птахи́. Ка́жуть, там на́віть є роже́ві пеліка́ни.

Т.: Неймові́рно! Це ду́же рі́дкісні птахи́. Ми пови́нні їх поба́чити.

Д.: Домо́вилися. Коли́ вируша́ємо?

Т.: Дай поду́мати… Ти ві́льна на вихідни́х?

Д.: Авже́ж. Чека́тиму з нетерпі́нням.

Teresa: I love Odesa! Great architecture, beautiful nature, and the sea nearby…

Julia: Yes, but I would like to see the wildlife.

T .: Really? Then let's go to the Danube Reserve. I heard it's very beautiful there.

J .: Great idea! I love wild birds. They say there are even pink pelicans.

T .: Unbelievable! Those are very rare birds. We have to see them.

J .: Agreed. When shall we go there?

T .: Let me think… Are you free at the weekend?

J .: Sure. I will look forward to it.

обо́жнювати - love
чудо́вий - great
архітекту́ра - architecture
прекра́сний - beautiful
приро́да - nature
неподалі́к - nearby
мені́ хо́четься - I would like to
поба́чити - see
ди́ка приро́да - wildlife
Спра́вді? - Really?
руша́ймо - let's go

запові́дник - reserve
Я чу́ла - I heard
га́рно - beautiful
Чудо́ва іде́я! - Great idea!
ди́кі птахи́ - wild birds
ка́жуть - They say
на́віть - even
роже́вий - pink
пеліка́н - pelican
Неймові́рно! - Unbelievable!

рі́дкісний - rare
пови́нен - have to
поба́чити - see
домо́вилися - agreed
вируша́ти - go
Дай поду́мати. - Let me think.
ві́льний - free
на вихідни́х - at the weekend
авже́ж - sure
чека́ти з нетерпі́нням - look forward to

24

Час грама́тики. Grammar time

Чергува́ння. Letter changes

When forming plurals, we can see letter changes in words.

The letter **i** in the closed syllable in plural forms is changed into **o**: *стіл – столи́, рік – роки́, ніч – но́чі*.

The letter **о** in the suffix **-ок** in plural forms goes away: *буди́нок – буди́нки, квито́к – квитки́*.

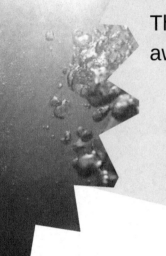

The letter **е** in the suffix **-ець** in plural forms also disappears: *хло́пець – хло́пці, стіле́ць – стільці́*.

Let's practice. Write the plural form.
Pay attention to letter changes and stresses:

гість – _____

ко́лір – _____

ніж – _____

малю́нок – _____

подару́нок – _____

гребіне́ць – _____

оліве́ць – _____

The key:
гість - го́сті
ко́лір - кольори́
ніж - ножі́
малю́нок - малю́нки
подару́нок - подару́нки
гребіне́ць - гребінці́
оліве́ць - олівці́

УРОК 3

ПИСАНКА

ІСТОРІЯ
HISTORY

Пам'ятник Богдану Хмельницькому, Київ.
The monument to Bohdan Khmelnytsky, Kyiv

Ки́ївська Русь. Kyivan Rus

Audio 3.1. Listen, read and translate

Ки́ївська Русь, могу́тня держа́ва схі́дних слов'я́н, бере́ свій поча́ток у дев'я́тому столі́тті на́шої е́ри. Це́нтром Русі́ було́ мі́сто Ки́їв, засно́ване брата́ми Ки́єм, Ще́ком, Хори́вом та ї́хньою сестро́ю Ли́біддю.

Kyivan Rus, a powerful state of the Eastern Slavs, dates back to the ninth century AD. The center of Rus was the city of Kyiv, founded by the brothers Kyi, Shchek, Khoriv and their sister Lybid.

Золоті ворота, Київ.
The Golden Gate, Kyiv

Вели́кі прави́телі Русі́: І́гор, Святосла́в, Володи́мир та Яросла́в – були́ пото́мками норма́нського кня́зя Рю́рика. Найбі́льшу сла́ву здобу́в князь Володи́мир, що в 988 (дев'ятсо́т вісімдеся́т во́сьмому) ро́ці ввів правосла́в'я на Русі́.

The great rulers of Russia Igor, Svyatoslav, Volodymyr and Yaroslav were descendants of the Norman prince Rurik. The greatest glory was gained by Prince Volodymyr, who in 988 (nine hundred and eighty-eight) introduced Orthodoxy in Rus.

Ки́ївська Русь - Kyivan Rus
могу́тній - powerful
держа́ва - state
схі́дні слов'я́ни - Eastern Slavs
столі́ття - century
на́ша е́ра - AD
засно́ваний - founded
брат - brother
сестра́ - sister

прави́тель - ruler
пото́мок - descendant
норма́нський - Norman
князь - prince
здобу́ти сла́ву - gain glory
ввести́ - introduce
правосла́в'я - Orthodoxy

Козáцька держáва. The Cossack State

Audio 3.2. Listen, read and translate

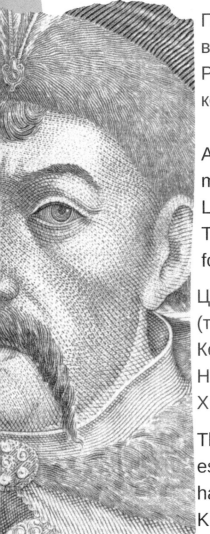

**Богдан Хмельницький.
Bohdan Khmelnytsky**

Після занéпаду Ки́ївської Русі́ украї́нські зéмлі були́ під влáдою багатьóх держáв: Вели́кого Князі́вства Литóвського, Рéчі Посполи́тої, Росі́йської імпéрії та Турéччини. Украї́нське козáцтво з'яви́лося для самозáхисту від інозéмної влади.

After the decline of Kyivan Rus, Ukrainian lands were ruled by many states: the Grand Duchy of Lithuania, the Polish-Lithuanian Commonwealth, the Russian Empire and Turkey. The Ukrainian Cossacks emerged as self-defense against foreign rulers.

Цéнтром козáцтва булá Запорóзька Січ, ствóрена в 1553 (ти́сяча п'ятсóт п'ятдеся́т трéтьому) рóці на óстрові Хóртиця. Козаки́ завжди́ борóлися за незалéжність украї́нських земéль. Найвидатні́шою пóстаттю в цій боротьбі́ став Богдáн Хмельни́цький.

The center of the Cossacks was the Zaporozhian Sich, established in 1553 on the island of Khortytsia. The Cossacks have always fought for independence of Ukrainian lands. Bohdan Khmelnytsky became the most prominent figure in this fight.

занéпад - decline
зéмлі - lands
під влáдою - be ruled by
держáва - state
Вели́ке Князí́вство Литóвське -
the Grand Duchy of Lithuania
Річ Посполи́та -
the Polish-Lithuanian Commonwealth
Росі́йська імпéря -
the Russian Empire
Турéччина - Turkey
козáцтво - Cossacks

самозáхист - self-defense
інозéмна влада - foreign rulers
центр - center
Запорóзька Січ - Zaporozhian Sich
ствóрений - established
óстрів - island
борóтися за незалéжність -
fight for independence
найвидатні́ша пóстать -
the most prominent figure

28

Audio 3.3. Listen, read and translate

Ки́ївський князь Святосла́в жив у деся́тому столі́тті. Він був спра́вжнім во́їном і прові́в своє́ життя́ в похо́дах. Як прости́й солда́т, Святосла́в спав на го́лій землі́, їв сма́жене на вогні́ м'я́со.

Prince Sviatoslav of Kyiv lived in the tenth century. He was a true warrior and spent his life in military campaigns. Like a simple soldier, Svyatoslav slept on the bare ground and ate meat roasted on the fire.

Він голи́в го́лову, залиша́ючи одне́ до́вге па́смо – "оселе́дець", як запоро́зькі козаки́. Украї́нський істо́рик Миха́йло Груше́вський назива́в Святосла́ва спра́вжнім козако́м.

He shaved his head, leaving one long strand called "oseledets", like the Zaporozhian Cossacks. Ukrainian historian Mykhailo Hrushevsky called Sviatoslav a true Cossack.

■ ■ ■ ■ ■ ■ ■ ■ ■ ■ ■ ■ ■ ■ ■

Чи зна́єте ви, як прийма́ли молоди́х чоловікі́в у запоро́зькі козаки́? Їм дава́ли завда́ння … звари́ти ка́шу. Коли́ хло́пець почина́в кли́кати всіх на обі́д, козаки́ хова́лися та ува́жно слу́хали.

Do you know how young men were accepted into the Zaporozhian Cossacks? They were given the task to cook porridge. When a young man called everyone to lunch, the Cossacks hid and listened carefully.

Якщо́ хло́пець був нетерпля́чим, пла́кав та крича́в, йому́ відмовля́ли. Якщо́ ж кандида́т спокі́йно чека́в, по́ки козаки́ пове́рнуться, його́ прийма́ли до товари́ства.

If the young man was impatient and started crying and shouting, he was denied. If the candidate calmly waited for the Cossacks to return, he was accepted into the community.

Князь Святослав.
Prince Svyatoslav

Кайл: Приві́т, Лі́зо, гото́ва до екску́рсії?

Ліза: Віта́ю. Зві́сно, я так бага́то чита́ла про Софі́йський собо́р та його́ фре́ски!

Кайл: На́віть не ві́риться, що він таки́й да́вній.

Ліза: Еге́ ж, князь Яросла́в побудува́в його́ в одина́дцятому столі́тті.

Кайл: В одина́дцятому? То́бто ще в Ки́ївській Русі́?

Ліза: Авже́ж. Це була́ головна це́рква на Русі́.

Кайл: А що таке́ фре́ска?

Ліза: Це живо́пис на воло́гій штукату́рці. Сього́дні ми їх поба́чимо в Собо́рі.

Кайл: Не мо́жу дочека́тися!

Kyle: Hi, Lisa. Ready for the tour?

Lisa: Hi. Sure, I have read so much about the St. Sophia Cathedral and its frescoes!

Kyle: I can't even believe it's so old.

Lisa: Yes, Prince Yaroslav built it in the eleventh century.

Kyle: In the eleventh? That means, in Kyivan Rus?

Lisa: Of course. It was the main church in Rus.

Kyle: And what is a fresco?

Lisa: It's painting on wet plaster. Today we will see them in the Cathedral.

Kyle: I can't wait to see them!

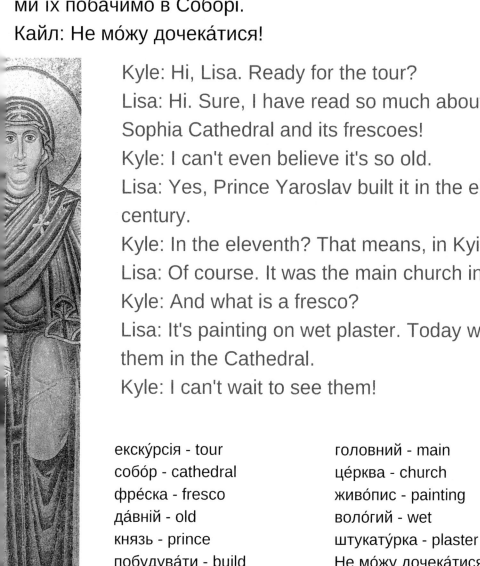

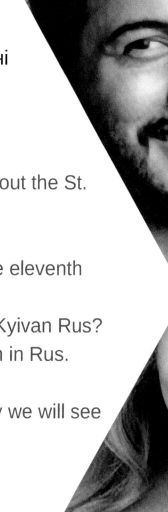

екску́рсія - tour	головний - main
собо́р - cathedral	це́рква - church
фре́ска - fresco	живо́пис - painting
да́вній - old	воло́гий - wet
князь - prince	штукату́рка - plaster
побудува́ти - build	Не мо́жу дочека́тися! -
авже́ж - of course	I can't wait

The Virgin Orans. St Sophia Cathedral, Kyiv.
Оранта. Софі́йський собор, Київ

Час грама́тики. Grammar time

Вели́ка літера в імена́х.
Capital letter in names

In Ukrainian, we use capital letters in a person's name, surname, patronymic, pseudonym or nickname: Тара́с Шевче́нко, князь Володи́мир, Ле́ся Украї́нка (Лари́са Петрі́вна Ко́сач), Дани́ло Га́лицький, Не́стор Літопи́сець.

Pets' names also start with a capital letter: Шарко́ (собака), Ва́ська (кіт), Гніди́й (кінь) тощо.

Княгиня Ольга.
Princess Olga

We also use capital letters in mythology, such as the names of gods: Ве́лес, Дажбо́г, Сваро́г, Зевс, Афі́на.

Capital letters start the names of fable and drama characters: Лиси́ця, Ма́впа, Віслюк, Дід Моро́з, Черво́на Ша́почка.

Capitals are also used in the names of the major state authorities: Президе́нт Украї́ни, Голова́ Верхо́вної Ра́ди Украї́ни, Конституці́йний Суд Украї́ни.

Велика чи маленька літера?
Capital or lowercase letter?

Д/дмитро́, Б/ба́тько, У/університе́т і́мені Т/тара́са Ш/шевче́нка, С/софі́йський С/собо́р, К/княги́ня О́/ольга, М/марс, С/суд, У/украї́нець, М/марко́ В/вовчо́к.

Князь Володимир.
Prince Volodymyr

The key: Дмитро́, ба́тько, університе́т і́мені Тара́саШевче́нка, Софі́йський собо́р, княги́ня О́льга, Марс, суд, украї́нець, Марко́ Вовчо́к.

Audio 3.5. Listen, read and translate

Пі́сля зни́щення Запорó́зької Сі́чі у кінці́ вісімна́дцятого столі́ття украї́нські зе́млі були́ розді́лені між двома́ імпе́ріями – Росі́йською та Австрі́йською.

After the destruction of the Zaporozhian Sich in the late eighteenth century, Ukrainian lands were divided between two empires – Russia and Austria.

У 1783 (ти́сяча сімсо́т вісімдеся́т тре́тьому) ро́ці росі́йська цари́ця Катери́на Дру́га ввела́ кріпосне́ пра́во в Украї́ні. Кріпака́ мо́жна було́ прода́ти та обміня́ти. Украї́нських селя́н зму́шували тя́жко працюва́ти, їх жорсто́ко кара́ли та віддава́ли в солда́ти.

In 1783, Russian Queen Catherine II introduced serfdom in Ukraine. A serf could be sold or exchanged. Ukrainian peasants were forced to work hard, severely punished, and recruited as soldiers.

Украї́нці боро́лися за свою́ свобо́ду під про́водом Макси́ма Залізняка́, Іва́на Го́нти, Оле́кси До́вбуша, Усти́ма Кармалюка́ та і́нших наро́дних геро́їв.

Ukrainians fought for their freedom under the leadership of Maksym Zalizniak, Ivan Honta, Oleksa Dovbush, Ustym Karmalyuk and other national heroes.

Максим Залізняк.
Maksym Zaliznyak

зни́щення - destruction	обміня́ти - exchange
зе́млі - lands	селяни́н - peasant
розді́лений - divided	зму́шувати - force
імпе́рія - empire	тя́жко працюва́ти - work hard
цари́ця - queen	жорсто́ко кара́ти - severely punish
ввести́ - introduce	віддава́ти в солда́ти - recruit to soldiers
кріпосне́ пра́во - serfdom	боро́тися - fight
кріпа́к - serf	під про́водом - under leadership
прода́ти - sell	наро́дний геро́й - national hero

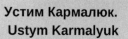

Устим Кармалюк.
Ustym Karmalyuk

На шляху́ до свобо́ди. On the way to freedom

Audio 3.6. Listen, read and translate

Пі́сля прихо́ду до вла́ди більшовикі́в у Росі́ї в 1917 (ти́сяча дев'ятсо́т сімна́дцятому) ро́ці украї́нці спро́бували здобу́ти незале́жність. У Ки́єві було́ ство́рено Украї́нську Наро́дну Респу́бліку (УНР), президе́нтом якої став Миха́йло Груше́вський, видатни́й істо́рик.

After the Bolsheviks came to power in Russia in 1917, Ukrainians tried to gain independence. The Ukrainian People's Republic (UPR) was established in Kyiv, with Mykhailo Hrushevsky, a prominent historian, as its president.

Проте́ більшовики́ атакува́ли й незаба́ром окупува́ли значну́ части́ну на́ших земе́ль. Росія́ни вбива́ли, катува́ли, ув'я́знювали та депортува́ли украї́нців. У 1933 (ти́сяча дев'ятсо́т три́дцять тре́тьому) ро́ці більшовики́ влаштува́ли шту́чний го́лод на украї́нських зе́млях. Тоді́ заги́нуло кі́лька мільйо́нів украї́нців (Голодомо́р).

However, the Bolsheviks attacked and soon occupied a large part of our lands. Russians killed, tortured, imprisoned and deported Ukrainians. In 1933, the Bolsheviks caused an artificial famine in Ukraine. Several million Ukrainians died duing this femine, called Holodomor.

Украї́на здобула́ незале́жність лише́ в 1991 (ти́сяча дев'ятсо́т дев'яно́сто пе́ршому) ро́ці й до́сі її вибо́рює.

Ukraine gained independence only in 1991 and is still fighting for it.

прихі́д до вла́ди - coming to power	зе́млі - lands
спро́бувати - try	вбива́ти - kill
здобу́ти незале́жність - gain independence	катува́ти - torture
	ув'я́знювати - imprison
ство́рено - founded	депортува́ти - deport
видатни́й - prominent	влаштува́ти - make
істо́рик - historian	шту́чний - artificial
атакува́ти - attack	го́лод - famine
незаба́ром - soon	заги́нути - die
окупува́ти - occupy	лише́ - only
значна́ части́на - large part	до́сі - until now
	вибо́рювати - fight for

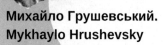

Миха́йло Груше́вський.
Mykhaylo Hrushevsky

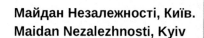

Майда́н Незале́жності, Ки́їв.
Maidan Nezalezhnosti, Kyiv

На Зáхідній Украї́ні такóж тривáла визвольнá боротьбá. Тут нарóдних мéсників називáли опри́шками. Вони ховáлися в Карпáтських гóрах і нападáли на маéтки знáті. Найвідóмішим опри́шком був Олéкса Дóвбуш. Він борóвся за правá селя́н на Прикарпáтті в 1730-х – 1740-х (ти́сяча сімсóт тридця́тих – сорокóвих) рокáх.

The liberation struggle also continued in Western Ukraine. Here people's avengers were called opryshko. They hid in the Carpathian Mountains and attacked the estates of the nobility. The most famous opryshko was Oleksa Dovbush. He fought for the rights of peasants in Prykarpattya in the 1730s and 1740s.

Бáтько Дóвбуша був комíрником – найбіднíшим селяни́ном, що не мав нáвіть своє́ї хáти. Томý Олéкса зáвжди борони́в найбіднíших украї́нців. А вони́ чáсто шукáли в ньóго зáхисту.

Dovbush's father was a komirnyk (tenant), the poorest peasant who did not even have his own house. That is why Oleksa always defended the poorest Ukrainians. And they often sought his protection.

Олéкса Дóвбуш.
Oleksa Dovbush

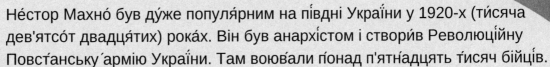

Нéстор Махнó був дýже популя́рним на пíвдні Украї́ни у 1920-х (ти́сяча дев'ятсóт двадця́тих) рокáх. Він був анархíстом і створи́в Революцíйну Повстáнську áрмію Украї́ни. Там воювáли пóнад п'ятнáдцять ти́сяч бійцíв.

Nestor Makhno was very popular in southern Ukraine in the 1920s. He was an anarchist and created the Revolutionary Insurgent Army of Ukraine. There were more than fifteen thousand soldiers.

Батьківщи́на Махнá Гуляйпóле стáла цéнтром махнóвського рýху на украї́нських зéмлях. Спочáтку Махнó виступáв на бóці Червóної áрмії. Протé незабáром більшовики́ оголоси́ли йогó вóрогом радя́нської влáди. Отри́мавши важкé порáнення, Нéстор Махнó втік на теритóрію Румýнії. Він помéр у Пари́жі в 1934 (ти́сяча дев'ятсóт три́дцять четвéртому) рóці.

Makhno's home town, Gulyaypole, became the center of the Makhno movement in the Ukrainian lands. At first Makhno sided with the Red Army. But soon the Bolsheviks declared him an enemy of the Soviet state. Nestor Makhno was seriously wounded and fled to Romania. He died in Paris in 1934.

Нéстор Махно.
Nestor Makhno

Audio 3.8. Listen, read and translate

Вади́м: Як тобі́ музе́й істо́рії Дру́гої світово́ї війни́?

Джо́зеф: Я вра́жений. Я ніко́ли не був у музе́ї під відкри́тим не́бом. Це мій пе́рший до́свід.

В.: Так, це спра́вді вража́є. Там бага́то військо́вої те́хніки.

Дж.: На́віть літаки́ та гелікопте́ри!

В.: А тако́ж гарма́ти, та́нки.

Дж.: Але найдивови́жніше - це величе́зний па́м'ятник…

В.: Батьківщи́ні-ма́тері?

Дж.: Так. Я бага́то разі́в ба́чив фо́то, але́ тепе́р поба́чив вживу́.

В.: І як вра́ження?

Дж.: Про́сто неймові́рно. Дя́кую тобі́ за екску́рсію.

Vadym: How do you like the museum of the history of the Second World War?

Joseph: I'm impressed. I have never been to an open-air museum. This is my first experience.

V.: Yes, it's really impressive. There's a lot of military equipment.

J.: Even planes and helicopters!

V.: As well as guns and tanks.

J.: But the most amazing thing is a huge monument…

V.: The Motherland?

J.: Yes. I have seen the photo many times, but now I have experienced it live.

V.: And what is your impression?

J: It's just incredible. Thank you for the tour.

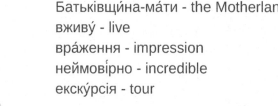

Пам'ятник Батьківщині, Київ.
Motherland Monument, Kyiv

Дру́га світова́ війна́ - World War 2	найдивови́жніше - most amazing
вра́жений - impressed	величе́зний - huge
музе́й під відкри́тим не́бом - open-air museum	па́м'ятник - monument
пе́рший до́свід - first experience	Батьківщи́на-ма́ти - the Motherland
Це спра́вді вража́є. - It's really impressive	вживу́ - live
військо́ва те́хніка - military equipment	вра́ження - impression
літа́к - plane	неймові́рно - incredible
гелікопте́р - helicopter	екску́рсія - tour
гарма́та - gun	

Час грама́тики. Grammar time
Вели́ка лі́тера в на́звах місць.
Capital letters in locations

In names of the **countries**, all words begin with a capital letter: *Украї́на, Че́ська Респу́бліка, Сполу́чені Шта́ти Аме́рики, Об'є́днані Ара́бські Еміра́ти.*

When writing the names of **geographical locations**, all words start with a capital letter, except for generic terms: *Євро́па, Карпа́тські го́ри, мис До́брої Наді́ї, рі́чка Дуна́й, мі́сто Го́ла При́стань, село́ Нови́й Шлях, Голосі́ївський парк.*

In names of **regions**, the first word begins with a capital letter: *Ки́ївська о́бласть, Свято́шинський райо́н, Яросла́вська грома́да.*

In **street** names, all words start with a capital letter, except for generic words: *бульва́р Тара́са Шевче́нка, майда́н Незале́жності, ву́лиця Ни́жній Вал, Музе́йний прову́лок.*

**Колочава.
Kolochava**

The key: Європе́йський Сою́з, Воли́нська о́бласть, Кита́йська Наро́дна Респу́бліка, Андрі́ївський узві́з, Свято́шинська пло́ща, Вели́ка Брита́нія, Ба́ришівський райо́н.

Велика чи маленька літера?
Capital or lowercase letter?

Є/європе́йський С/сою́з, В/воли́нська О/о́бласть, К/кита́йська Н/наро́дна Р/респу́бліка, А/андрі́ївський У/узві́з, С/свято́шинська П/пло́ща, В/вели́ка Б/брита́нія, Б/ба́ришівський Р/райо́н.

Київ. Kyiv

УРОК 4

ЛІТЕРАТУРА
LITERATURE

ПИСАНКА

Тарас Шевченко.
Taras Shevchenko

Бáтько украïнськоï літератýри.
The father of Ukrainian literature

Audio 4.1. Listen, read and translate

Івáн Котлярéвський (1769, тúсяча сімсóт шістдеся́т дев'я́тий – 1838, тúсяча вісімсóт трúдцять вóсьмий) – заснóвник новóï украïнськоï літератýри. Йогó поéма "Енеïда" (1798, тúсяча сімсóт дев'янóсто вóсьмий) стáла пéршим твóром, напúсаним сучáсною украïнською мóвою.

Ivan Kotlyarevsky (1769 – 1838) is a founder of the new Ukrainian literature. His poem "Eneida" ("Aeneid") (1798) became the first work written in the Ukrainian modern language.

Івáн Котлярéвський. Ivan Kotlyarevsky

У кінцí вісімнáдцятого столíття староукраïнська ("кнúжна") мóва занепáла. Твóри Котлярéвського "Енеïда", "Натáлка Полтáвка" і "Москáль-чарівнúк" напúсані живóю мóвою, якóю говорúли простí украïнці. Óтже, письмéнник започаткувáв не лишé новý украïнську літератýру. Він вплúнув на рóзвиток новóï украïнськоï мóви.

At the end of the eighteenth century, the old Ukrainian ("book") language declined. Kotlyarevsky's "Eneida", "Natalka Poltavka" and "Moskal Charivnyk" were written in a living language spoken by ordinary Ukrainians. So, the writer not only founded new Ukrainian literature. He also influenced the development of the new Ukrainian language.

"Енеïда". "Eneida"

заснóвник - founder	простí украïнці - ordinary Ukrainians
поéма - poem	óтже - so
твір - work	письмéнник - writer
напúсаний - written	започаткувáти - found
сучáсний - modern	не лишé - not only
староукраïнська - old Ukrainian	вплúнути на - influence
кнúжна - book	рóзвиток - development
занепáсти - decline	
живúй - live	

Кобза́р. Kobzar

Тарас Шевченко. Катерина.
Taras Shevchenko. Kateryna

Audio 4.2. Listen, read and translate

Тара́с Шевче́нко народи́вся в 1814 (ти́сяча вісімсо́т чотирна́дцятому) ро́ці в роди́ні кріпакі́в. Його́ дити́нство пройшло́ в го́лоді та важкі́й пра́ці. Він був надзвича́йно обдаро́ваним приро́дою. Тара́с пра́гнув навчи́тися малюва́ти, і зго́дом його́ мрі́я здійсни́лася. Він навча́вся малюва́нню в Петербу́рзі. Проте́ він залиша́вся кріпако́м.

Taras Shevchenko was born in 1814 in a family of serfs. His childhood was spent in hunger and hard work. He was extremely gifted by nature. Taras sought to learn to draw, and later his dream came true. He studied painting in St. Petersburg. But he remained a serf.

У 1838 (ти́сяча вісімсо́т три́дцять во́сьмому) ро́ці дру́зі допомогли́ ви́купити Шевче́нка з нево́лі. Тара́с навча́вся в Акаде́мії мисте́цтв та писа́в поезі́ї. У 1840 (ти́сяча вісімсо́т сороко́вому) ро́ці ви́йшла пе́рша збі́рка поезі́й "Кобза́р". Тако́ж Шевче́нко був акти́вним грома́дським діяче́м. У 1847 (ти́сяча вісімсо́т со́рок сьо́мому) ро́ці його́ заарештува́ли.

In 1838, friends helped to bail Shevchenko out from serfdom. Taras studied at the Academy of Arts and wrote poetry. In 1840, "Kobzar", the first collection of poems was published. Shevchenko was also an active public figure. In 1847 he was arrested.

Де́сять ро́ків він був на засланні́ "без до́зволу писа́ти та малюва́ти". Тяжка́ нево́ля підірва́ла здоро́в'я пое́та. Незаба́ром після звільнення він поме́р.

For ten years he was in exile "without permission to write and draw." Harsh captivity undermined the poet's health. He died shortly after his release.

Тарас Шевченко.
Taras Shevchenko

народи́тися - be born	мрі́я - dream	грома́дський дія́ч - public figure
кріпа́к - serf	здійсни́тися - come true	заарештува́ти - be arrested
дити́нство - childhood	залиша́тися - remain	бути на засланні́ - be in exile
го́лод - hunger	ви́купити - bail	без до́зволу - without permission
важка́ пра́ця - hard work	нево́ля - here: serfdom	тяжка́ нево́ля - harsh captivity
надзвича́йно - extremely	навча́вся - study	підірва́ти здоро́в'я - undermined health
обдаро́ваний - gifted	писа́ти поезі́ї - write poems	незаба́ром - soon
пра́гнути - seek	збі́рка - collection	звільнення - release
малюва́ти - draw		
зго́дом - later		

ЩО ЦІКА́ВОГО?
WHAT'S INTERESTING?

Audio 4.3. Listen, read and translate

"Енеї́да" Іва́на Котляре́вського – зна́ковий твір для Украї́ни. Це гумористи́чна пое́ма, напи́сана на осно́ві "Енеї́ди" Вергі́лія. Котляре́вський опи́сує приго́ди троя́нського геро́я Ене́я в конте́ксті украї́нської культу́ри.

"Eneida" by Ivan Kotlyarevsky is an outstanding work for Ukraine. This is a humorous poem based on "Aeneid" by Virgil. Kotlyarevsky describes the adventures of the Trojan hero Aeneas in the context of Ukrainian culture.

О́тже, Ене́й – це коза́цький ватажо́к. Пі́сля руйнува́ння батьківщи́ни разо́м зі свої́м ві́йськом він шука́є нове́ мі́сце. В його́ по́дорож ча́сто втруча́ються боги́, допомага́ючи або́ шко́дячи геро́ю.

So, Aeneas is a Cossack leader. After the destruction of his homeland, together with his army, he is looking for a new place. The gods often intervene in his journey, helping or harming the hero.

Гео́ргій Нарбу́т. Енеї́да.
Heorhii Narbut. Eneida

Істо́рія Тара́са Шевче́нка – це істо́рія у́спіху. Кріпа́к від наро́дження, він зміг ста́ти украї́нською леге́ндою. Мали́й Тара́с мрі́яв навчи́тися малюва́ти й наполе́гливо йшов до мети́.

The story of Taras Shevchenko is a success story. Born as a serf, he was able to become a Ukrainian legend. Little Taras dreamed of learning to draw and persistently pursued his goal.

Завдяки́ тала́нту худо́жника він звільни́вся з кріпа́цтва та отри́мав осві́ту в Акаде́мії мисте́цтв в Петербу́рзі. За життя́ Шевче́нка бі́льше ціну́вали як худо́жника, ніж пое́та. Сього́дні ж ми зна́ємо його́ як вели́кого пое́та Кобзаря́.

Thanks to his artistic talent, he freed himself from serfdom and received education at the Academy of Arts in St. Petersburg. In Shevchenko's lifetime, he was appreciated more as an artist than as a poet. Today we know him as the great poet Kobzar.

Тарас Шевченко
Циганка-ворожка.
Taras Shevchenko.
A Gypsy Woman

Audio 4.4. Listen, read and translate

Лíлія: Нарéшті ми ïдемо до Кáнева!

Дéббі: Так, спрáвді. Я читáла багáто поéзій Тарáса Шевчéнка. Хóчеться побáчити музéй та моги́лу Кобзаря́.

Л.: Так, пам'ятáєш: "Щоб лани́ широкопóлі, і Дніпрó, і кручі булó ви́дно…"

Д.: А що це за вірш?

Л.: "Заповíт". У ньóму Шевчéнко прóсить похова́ти йогó на схи́лах Дніпрá. Так згóдом і зроби́ли.

Д.: А що є в музéї Шевчéнка?

Л.: Багáто цікáвого: карти́ни та книжки́ Шевчéнка, рéчі йогó роди́ни. Самá побáчиш.

Д.: Чудóво.

Lilia: At last, we go to Kaniv!

Debbie: Yes, indeed. I have read many poems by Taras Shevchenko. I want to see the museum and the grave of Kobzar.

L.: Yes, do you remember: "To see the fields, the Dnieper and the cliffs…"

D.: What poem is this?

L.: "The Testament". Shevchenko asked to bury him on the Dnieper hills. So they did later.

D.: And what is there in the Shevchenko Museum?

L.: Many interesting things: the paintings and books by Shevchenko, his family's belongings. You will see for yourself.

D.: Wonderful.

Канів. Памятник Шевченку.
Kaniv. The Monument to Shevchenko

нарéшті - at last	лан - field	похова́ти - bury
спрáвді - indeed	широкопóлий - wide	схи́ли Дніпрá - the Dnieper hills
поéзія - poem	кручі - cliffs	згóдом - later
побáчити - see	ви́дно - seen	карти́на - painting
музéй - museum	вірш - poem	книжка - book
моги́ла - grave	заповíт - testament	рéчі - belongings
пам'ята́ти - remember	проси́ти - ask	роди́на - family

41

Кількісні числівники.
Quantity Numbers

Ukrainian numbers can mean **quantity** and **order**.

Audio 4.5. Listen and learn Ukrainian quantity numbers

1	один	11	одинадцять	21	двадцять один
2	два	12	дванадцять	22	двадцять два
3	три	13	тринадцять	23	двадцять три
4	чотири	14	чотирнадцять	24	двадцять чотири
5	п'ять	15	п'ятнадцять	25	двадцять п'ять
6	шість	16	шістнадцять	26	двадцять шість
7	сім	17	сімнадцять	27	двадцять сім
8	вісім	18	вісімнадцять	28	двадцять вісім
9	дев'ять	19	дев'ятнадцять	29	двадцять дев'ять
10	десять	20	двадцять	30	тридцять

40	сорок	500	п'ятсот
50	п'ятдесят	600	шістсот
60	шістдесят	700	сімсот
70	сімдесят	800	вісімсот
80	вісімдесят	900	дев'ятсот
90	дев'яносто	1000	одна тисяча
100	сто	2000	дві тисячі
200	двісті	3000	три тисячі
300	триста	4000	чотири тисячі
400	чотириста	5000	п'ять тисяч

Тарас Шевченко. Акварель.
Taras Shevchenko. Paining

Напишіть числівники словами. Write numbers in words.

354 – триста пятдесят чотири

1998 – _____

27 – _____

924 – _____

2076 – _____

73 – _____

5872 – _____

The key:
354 – триста пятдесят чотири
1998 – одна тисяча дев'ятсот
дев'яносто вісім
27 – двадцять сім
924 – дев'ятсот двадцять чотири
2076 – дві тисячі сімдесят шість
73 – сімдесят три
5872 – п'ять тисяч вісімсот сімдесят
два.

Тарас Шевченко. Акварель.
Taras Shevchenko. Paining

Каменя́р. Kamenyar

Audio 4.6. Listen, read and translate

Іва́н Франко́ (1856, ти́сяча вісімсо́т п'ятдеся́т шо́стий – 1916, ти́сяча дев'ятсо́т шістна́дцятий) – відо́мий украї́нський письме́нник, науко́вець та грома́дський дія́ч. Мале́нький Іва́н був ду́же здібною дити́ною. У ві́сім ро́ків він уже́ чита́в та писа́в німе́цькою та по́льською мо́вами. Вчителі́ були́ перекона́ні, що на хло́пця чека́є блиску́че майбу́тнє.

**Іва́н Франко.
Ivan Franko**

Ivan Franko (1856 – 1916) was a famous Ukrainian writer, scientist and public figure. Little Ivan was a very capable child. By the age of eight, he was already reading and writing in German and Polish. The teachers were sure that the boy had a bright future.

У студе́нтські роки́ Іва́н Франко́ поча́в ціка́витися полі́тикою. Він неодноразо́во був заарешто́ваний за свої́ політи́чні по́гляди. Найвідо́міша поéзія Франка́, "Каменя́р", заклика́є до бороть́би про́ти соціа́льної несправедли́вості.

During his student years, Ivan Franko became interested in politics. He was repeatedly arrested for his political views. Franko's most famous poem, *"Kamenyar"* ("The Stonecutter"), calls for a struggle against social injustice.

**Івано-Франківськ.
Ivano-Frankivsk**

відо́мий - famous	блиску́че майбу́тнє - bright future	політи́чні по́гляди - political views
письме́нник - writer	студе́нтські роки́ - student years	найвідо́міший - most famous
науко́вець - scientist		поéзія - poem
грома́дський дія́ч - public figure	ціка́витися полі́тикою - be interested in politics	каменя́р - stonecutter
здібна дити́на - capable child	неодноразо́во - repeatedly	закли́ка́ти до бороть́би - call for a fight
німе́цька - German	заарешто́ваний - arrested	соціа́льна несправедли́вість - social injustice
по́льська - Polish		
вчитель - teacher		
перекона́ний - sure		

Лісова́ пі́сня. The Forest Song

Audio 4.7. Listen, read and translate

Ле́ся Украї́нка – псевдоні́м Лари́си Ко́сач-Кві́тки (1871, ти́сяча вісімсо́т сімдеся́т пе́рший – 1913, ти́сяча девятсо́т трина́дцятий). Її ма́ти, О́льга Драгома́нова-Ко́сач, була́ відо́мою украї́нською письме́нницею Оле́ною Пчі́лкою.

Lesya Ukrainka is the pseudonym of Larysa Kosach-Kvitka (1871 – 1913). Her mother, Olga Drahomanova-Kosach, was a famous Ukrainian writer, Olena Pchilka.

У дити́нстві ді́вчинка застуди́лася і захворі́ла на туберкульо́з кісто́к. Від цієї хворо́би вона́ стражда́ла все життя́.

As a child, the girl caught a cold and contracted bone tuberculosis. Because of the disease, she suffered all her life.

Незадо́вго до сме́рті Ле́ся Украї́нка написа́ла дра́му "Лісова́ пі́сня", присвя́чену коха́нню міфі́чної ді́вчини Ма́вки та звича́йного чолові́ка Лукаша́. Тут пока́зано красу́ приро́ди та людськи́х стосу́нків, по́тяг до ща́стя та гармо́нії.

Before her death, Lesya Ukrainka wrote the drama "Forest Song" about the love of the fairy Mavka and the ordinary man Lukash. It shows the beauty of nature and human relationships, the desire for happiness and harmony.

Ле́ся Украї́нка.
Lesya Ukrainka

Ле́ся Украї́нка.
Lesya Ukrainka

псевдоні́м - pseudonym	хворо́ба - disease	пока́зано - shown
письме́нниця - writer	стражда́ти - suffer	людські́ стосу́нки - human relationships
відо́мий - famous	все життя́ - all life	
в дити́нстві - as a child	незадо́вго - not long before	по́тяг до - desire for
застуди́тися - catch a cold	присвя́чений - about	ща́стя - happiness
захворі́ти - contracted	коха́ння - love	гармо́нія - harmony
туберкульо́з кісто́к - bone tuberculosis	міфі́чна ді́вчина - fairy	
	звича́йний - ordinary	

Іва́н Франко́ був ду́же талантови́тою та працьови́тою люди́ною. Письме́нник, переклада́ч, філо́соф, полі́тик. Його́ назива́ли "акаде́мією в одні́й осо́бі".

Ivan Franko was a very talented and hard-working man. A writer, translator, philosopher and politician. He was called an "academy in one person."

За життя́ він ви́дав бли́зько 6000 (шести́ ти́сяч) літерату́рних тво́рів. Франко́ був є́диним украї́нським пое́том, номіно́ваним на Но́белівську пре́мію. Він перекла́в біблі́йну "Кни́гу буття́". На́віть сього́дні вона́ вважа́ється найбі́льш то́чним пере́кладом украї́нською мо́вою.

During his lifetime, he published over 6,000 (six thousand) literary works. Franko was the only Ukrainian poet nominated for the Nobel Prize. He translated the Biblical Book of Genesis. Even today it is considered the most accurate translation into Ukrainian.

Ле́ся Украї́нка ма́ла хист до му́зики та малюва́ння. У п'ятирі́чному ві́ці вона́ почала́ гра́ти на піані́но й писа́ти музи́чні тво́ри. Проте́ че́рез хворо́бу ді́вчинка ма́ла залиши́ти заня́ття му́зикою.

Lesya Ukrainka had a talent for music and drawing. At the age of five, she began playing the piano and writing music. However, due to her illness, the girl had to quit music lessons.

Ле́сю Украї́нку вважа́ли пе́ршою жі́нкою-мариніст́кою в Украї́ні. Вона́ чудо́во малюва́ла, зокрема́, морські́ пейза́жі.

Lesya Ukrainka was considered the first woman marine artist in Ukraine. She painted beautifully, in particular, seascapes.

Audio 4.9. Listen, read and translate

Юрій: Ти впе́рше в Коло́дяжному?

Ка́тя: Так, завжди́ хоті́ла поба́чити буди́нок Ле́сі Украї́нки. Тут надзвича́йно га́рно.

Ю.: Ти ма́єш на ува́зі "бі́лий буди́ночок"?

К.: Авже́ж, я зна́ю, що в дити́нстві Ле́ся жила́ тут у роже́вій кімна́ті.

Ю.: І спра́вді, сті́ни роже́вого ко́льору.

К.: А які́ тут чудо́ві ре́чі та ме́блі!

Ю.: Так, це ре́чі роди́ни Ко́сачів.

К.: Але́ найбі́льше мені́ подо́бається воли́нська приро́да: ліси́ та озе́ра.

Ю.: Спра́вді, тут чудо́во.

Yuri: Is it your first visit to Kolodyazhne?

Katya: Yes, I have always wanted to see Lesya Ukrainka's house. It is very beautiful here.

Yu.: You mean the "little white house"?

K.: Sure, I know as a child Lesya lived here in a pink room.

Yu.: The walls are pink indeed.

K.: And such wonderful things and furniture!

Yu.: Yes, these things belonged to the Kosaches family.

K.: Still, I like Volyn nature most of all, forests and lakes.

Yu.: I agree, it's great in here.

Колодяжне. Білий будиночок.
Kolodyazhne. The Little White House

впе́рше - first time	авже́ж - sure	чудо́ві ре́чі - wonderful things
завжди́ - always	я зна́ю - I know	ме́блі - furniture
хоті́ти - want	в дити́нстві - in childhood	роди́на - family
поба́чити - see	роже́вий - pink	найбі́льше - most of all
буди́нок - house	кімна́та - room	воли́нський - Volyn
надзвича́йно - very	спра́вді - indeed	приро́да - nature
га́рно - beautiful	стіна́ - wall	ліс - forest
ма́ти на ува́зі - mean	ко́лір - colour	о́зеро - lake

Порядкові числівники. Order numbers

Audio 4.10. Listen and learn Ukrainian order numbers

1	пе́рший	11	одина́дцятий	21	два́дцять пе́рший
2	дру́гий	12	двана́дцятий	22	два́дцять дру́гий
3	тре́тій	13	трина́дцятий	23	два́дцять тре́тій
4	четве́ртий	14	чотирна́дцятий	24	два́дцять четве́ртий
5	п'я́тий	15	п'ятна́дцятий	25	два́дцять п'я́тий
6	шо́стий	16	шістна́дцятий	26	два́дцять шо́стий
7	сьо́мий	17	сімна́дцятий	27	два́дцять сьо́мий
8	во́сьмий	18	вісімна́дцятий	28	два́дцять во́сьмий
9	дев'я́тий	19	дев'ятна́дцятий	29	два́дцять дев'я́тий
10	деся́тий	20	двадця́тий	30	тридця́тий

40	сороко́вий	500	п'ятисо́тий
50	п'ятдеся́тий	600	шестисо́тий
60	шістдеся́тий	700	семисо́тий
70	сімдеся́тий	800	восьмисо́тий
80	вісімдеся́тий	900	дев'ятисо́тий
90	дев'яно́стий	1000	однати́сячний
100	со́тий	2000	двохти́сячний
200	двохсо́тий	3000	трьохти́сячний
300	трьохсо́тий	4000	чотирьохти́сячний
400	чотирьохсо́тий	5000	п'ятити́сячний

Львів. Lviv

Напишіть роки словами. Write years in words

Note: it is common to say ти́сяча (omitting the word одна́)

E.g., 1898 – ти́сяча вісімсо́т дев'яно́сто во́сьмий

But 2022 – дві ти́сячі два́дцять дру́гий

1354 – _____

1925 – _____

2376 – _____

1573 – _____

1657 – _____

Львів. Lviv

The key:
1898 – ти́сяча вісімсо́т дев'яно́сто во́сьмий
2022 – дві ти́сячі два́дцять дру́гий
1354 – ти́сяча тристá п'ятдеся́т четве́ртий
1945 – ти́сяча дев'ятсо́т со́рок п'я́тий
2376 – дві ти́сячі тристá сімдеся́т шо́стий
1573 – ти́сяча п'ятсо́т сімдеся́т тре́тій
1657 – ти́сяча шістсо́т п'ятдеся́т сьо́мий

УРОК 5

МУЗИКА
MUSIC

Kalush Orchestra. Стефанія.
Kalush Orchestra. Stefania

Наро́дні пісні́. Folk Songs

Audio 5.1. Listen, read and translate

Украї́нські наро́дні пісні́ з'яви́лися в дев'я́тому столі́тті на́шої е́ри. Насього́дні запи́сано по́над 500 ти́сяч (п'ятсо́т ти́сяч) наро́дних пісе́нь.

Ukrainian folk songs emerged in the ninth century AD. As of today, more than 500,000 folk songs have been recorded. Ukrainian calendar and ritual songs are the most popular.

Так, віта́ючи весну́, украї́нці співа́ли весня́нки. Улі́тку, працю́ючи в по́лі, – жнива́рські пісні́. А взи́мку, святку́ючи Нови́й рік та Різдво́, – коля́дки та щедрі́вки.

Thus, greeting spring, Ukrainians sang vesnyankas (spring songs). In summer, working in the field, they sang harvest songs. And in winter, celebrating the New Year and Christmas, they sang kolyadkas and schedrivkas.

Наро́дні пісні́ опи́сують життя́ рі́зних груп люде́й. Є коза́цькі, чума́цькі, кріпа́цькі та солда́тські пісні́. Про мину́ле ми дізнає́мося з істори́чних пісе́нь, дум та били́н.

Folk songs describe lives of different groups of people. There are Cossacks', Chumaks', serfs' and soldiers' songs. We learn about the past from historical songs, dumas and bylinas.

Коля́дка. Kolyadka (carol)

наро́дні пісні́ - folk songs	весна́ - spring	Нови́й рік - New Year	чума́цький - Chumak
з'яви́тися - emerge	співа́ти - sing	Різдво́ - Christmas	кріпа́цький - serf
столі́ття - century	весня́нка - spring songs	коля́дка - Christmas carol	солда́тський - soldier
на́шої е́ри - AD	улі́тку - in summer	щедрі́вка - New Year's carol	мину́ле - past
насього́дні - as for today	працю́ючи - working	опи́сувати - describe	дізнава́тися - learn
запи́сано - recorded	в по́лі - in the field	життя́ - life	істори́чні пісні́ - historical songs
по́над - more than	жнива́рські пісні́ - harvest songs	рі́зний - different	ду́ма - duma
найпопуля́рніший - the most popular	взи́мку - in winter	гру́па люде́й - group of people	били́на - bylina
віта́ючи - greeting	святку́ючи - celebrating	коза́цький - Cossack	

Українська кла́сика.
Ukrainian classics
Audio 5.2. Listen, read and translate

Мико́ла Ли́сенко (1842, ти́сяча вісімсо́т со́рок дру́гий – 1912, ти́сяча дев'ятсо́т двана́дцятий) – ба́тько украї́нської класи́чної му́зики. Він був компози́тором, піані́стом, дириге́нтом та грома́дським діяче́м.

Mykola Lysenko (1842 – 1912), known as a father of Ukrainian classical music. He was a composer, pianist, conductor and public figure.

Ли́сенко написа́в му́зику до відо́мих гі́мнів "Моли́тва за Украї́ну" та "Ві́чний революціоне́р". Він є а́втором о́пер "Ната́лка Полта́вка", "Тара́с Бу́льба", "Енеї́да" та багатьо́х і́нших.

Lysenko wrote music for the famous hymns "The Prayer for Ukraine" and "The Eternal Revolutionary." He is the author of operas "Natalka Poltavka," "Taras Bulba," "Aeneid" and many others.

Усе́ життя́ Ли́сенко працюва́в над ци́клом "Му́зика до "Кобзаря́". Він створи́в бага́то музи́чних тво́рів на слова́ Тара́са Шевче́нка.

Микола Лисенко.
Mykola Lysenko

All his life he worked on the cycle "Music for Kobzar." He created many music pieces based on the poems by Taras Shevchenko.

ба́тько - father
класи́чна му́зика - classical music
компози́тор - composer
піані́ст - pianist
дириге́нт - conductor
грома́дський ді́яч - public figure
написа́ти му́зику - write music
відо́мий - famous

гі́мн - hymn
"Моли́тва за Украї́ну" -
"The Prayer for Ukraine"
"Ві́чний революціоне́р" -
"The Eternal Revolutionary"
а́втор - author
о́пера - opera

усе́ життя́ - all life
працюва́ти - work
ци́кл - cycle
створи́ти - create
бага́то - many
музи́чний твір - music piece
на слова́ - by

Audio 5.3. Listen, read and translate

Ча́сто ми не зна́ємо а́вторів украї́нських наро́дних пісе́нь. Проте́ нам відо́мі де́які з них.

We often do not know the authors of Ukrainian folk songs. However, we know some of them.

Зокрема́, це Мару́ся Чура́й, легенда́рна украї́нська наро́дна поете́са. Вона́ жила́ в сімна́дцятому столі́тті на Полта́вщині.

In particular, this is Marusya Churay, a legendary Ukrainian poetess. She lived in the seventeenth century in Poltava region.

Вважа́ють, що вона́ написа́ла де́кілька відо́мих наро́дних пісе́нь: "Ой не ходи́, Гри́цю" та "Засвиста́ли козаче́ньки".

It is believed that she wrote several well-known folk songs: "Ой не ходи́, Гри́цю" ("Oh, don't go, Hryts") and "Засвиста́ли козаче́ньки" ("The Cossacks have whistled")

Déякі вірші́ украї́нських пое́тів були́ таки́ми популя́рними, що ста́ли наро́дними пісня́ми.

Some poems of Ukrainian poets were so popular that they became folk songs.

Наприклад, це поéзія Тара́са Шевче́нка "Реве́ та сто́гне Дніпр широ́кий". Вона́ перетвори́лася на си́мвол Украї́ни.

For example, this is Taras Shevchenko's poem "Реве́ та сто́гне Дніпр широ́кий" ("The Wide Dnieper Roars and Moans"). It has become a symbol of Ukraine.

Тако́ж поéзія Миха́йла Стари́цького "Ніч яка́ місячна" ста́ла улю́бленою украї́нською наро́дною пі́снею.

Mykhailo Starytsky's poem "Ніч яка́ місячна" ("What a Moonlit Night") also became a favorite Ukrainian folk song.

Audio 5.4. Listen, read and translate

Марина: Ходімо завтра до філармонії. Там буде чудовий концерт!

Омар: А хто гратиме?

М.: Буде звітний концерт студентів. Я обожнюю такі виступи.

О.: Цікаво. Я жодного разу не був у філармонії.

М.: Невже? Тоді точно треба піти. Завтра будуть грати Лисенка, увертюру з "Тараса Бульби".

О.: Справді? Люблю Лисенка. А що ще гратимуть?

М.: Не можу точно сказати. Але виступатиме симфонічний оркестр. Це завжди цікаво.

О.: Гаразд, ходімо. О котрій починається концерт?

М.: О дев'ятнадцятій.

О.: Добре, домовилися.

Marina: Let's go to the Philharmonic tomorrow. There will be a wonderful concert!

Omar: And who will play?

M .: There will be a student recital. I love such performances.

A .: Interesting. I have never been to the Philharmonic.

M .: Really? Then you definitely need to go. Tomorrow they will play Lysenko, an overture from "Taras Bulba."

A .: No kidding? I love Lysenko. And what else will they play?

M .: I can't say for sure. But there will be a symphony orchestra. It's always interesting.

A .: Okay, let's go. What time does the concert start?

M .: At 7 pm.

A .: Great, it's a date.

ходімо - let's go
завтра - tomorrow
філармонія - the Philharmonic
чудовий - wonderful
концерт - concert
грати - perform, play
звітний концерт - recital
студент - student
обожнювати - love
виступ - performance
цікаво - interesting

жодного разу - never
Невже? - Really?
тоді - then
точно - definitely
треба - necessary
піти - go
увертюра - ouverture
Справді? - No kidding?
Не можу точно сказати. - I can't say for sure.

виступати - perform
симфонічний оркестр - symphony orchestra
завжди - always
гаразд - okay
О котрій…? - What time…?
починається - start
О дев'ятнадцятій. - At 7 pm.
Домовилися. - Agreed. It's a date.

Час граматики. Grammar time

Майбутній час 1. Future tense 1

In Ukrainian, Future tense can be formed in two ways:

1. Imperfective: a Future form of бути + infinitive

2. Perfective: a Future form of this verb.

So, the first way to form the Future tense in Ukrainian is shown in the chart:

Я бу́ду	працюва́ти (work)
Ти бу́деш	співа́ти (sing)
Він, вона, воно бу́де	малюва́ти (draw)
Ми бу́демо	танцюва́ти (dance)
Ви бу́дете	чита́ти (read)
Вони бу́дуть	спа́ти (sleep)

Let's practice! Translate into Ukrainian:

I will read. _____
You will dance (singular). _____
We will read. _____
He will draw. _____
They will sing. _____
She will sleep. _____

The key:
Я буду читати.
Ти будеш танцювати.
Ми будемо читати.
Він буде малювати.
Вони будуть співати.
Вона буде спати.

53

Нова́ му́зика. New music

Audio 5.5. Listen, read and translate

Нова́ украї́нська му́зика з'яви́лася з поя́вою незале́жної Украї́ни. Так, рок-гурт "Во́плі Відопля́сова" був ство́рений у кінці́ 1980-х (ти́сяча дев'ятсо́т вісімдеся́тих) рокі́в. "Во́плі Відопля́сова" є засно́вниками украї́нського рок-н-ро́лу та етно-ро́ку.

New Ukrainian music appeared with the emergence of Ukraine as an independent state. For example, the rock band "Vopli Vidopliassova" was created in the late 1980s. "Vopli Vidopliassova" are the founders of Ukrainian rock 'n' roll and ethno-rock.

"Скря́бін" став зна́ковою гру́пою, що працюва́ла у сти́лях си́нті-по́пу, поп-ро́ку та поп-му́зики. Тако́ж у цей час з'яви́вся рок-гурт "Океа́н Е́льзи". Він здобу́в популя́рність не лише́ в Украї́ні, але́ й за її́ ме́жами. Сього́дні украї́нські гурти́ ONUKA, Kazka, Go A, Kalush популя́рні в усьо́му сві́ті.

"Scryabin" became an iconic band that worked in the styles of synth-pop, pop-rock and pop music. Also at this time, the rock band "Okean Elzy" appeared. It gained popularity both in Ukraine and abroad. Today, Ukrainian bands ONUKA, Kazka, Go A, Kalush are popular all over the world.

Олександра Заріцька. "Kazka"
Oleksandra Zaritska. "Kazka"

Святослав Вакарчук. "Океан Ельзи"
Svyatoslav Vakarchuk. "Okean Elzy"

з'яви́тися - appear
поя́ва - emergence
незале́жний - independent
рок-гурт - rock band
ство́рений - created
у кінці́ 1980-х - in the late 1980s
засно́вник - founder
рок-н-ро́л - rock 'n' roll

етно-ро́к - ethno-rock
зна́ковий - iconic
працюва́ти - work
стиль - style
си́нті-по́п - synth-pop
поп-ро́к - pop-rock
поп-му́зика - pop music
у цей час - at this time

здобу́ти популя́рність - gain popularity
не лише́ ..., але́ й ... - both ... and...
в усьо́му сві́ті - all over the world

Україна на Євробаченні.
Ukraine in the Eurovision

Audio 5.6. Listen, read and translate

Вперше Україна взяла участь у пісенному конкурсі Євробачення у 2003 (дві тисячі третьому) році. Тоді країну представляв Олександр Пономарьов. У 2004 (дві тисячі четвертому) році українська співачка Руслана посіла перше місце з піснею "Дикі танці".

Ukraine first took part in the Eurovision Song Contest in 2003. Then the country was represented by Oleksandr Ponomaryov. In 2004, a Ukrainian singer Ruslana took the first place with the song "Wild Dances."

Джамала. Jamala

Вдруге Україна перемогла на Євробаченні в 2016 (дві тисячі шістнадцятому) році завдяки Джамалі з композицією "1944" (тисяча дев'ятсот сорок чотири). У 2022 (дві тисячі двадцять другому) році український гурт Kalush здобув третю перемогу на конкурсі зі своєю піснею "Стефанія".

Ukraine won the Eurovision Song Contest for the second time in 2016 thanks to Jamala with the song "1944." In 2022 , the Ukrainian band Kalush took the third victory in the competition with their song "Stefania."

Kalush

вперше - first	пісня - song
взяти участь - take part	"Дикі танці" - "Wild Dances"
пісенний конкурс - song contest	вдруге - for the second time
Євробачення - Eurovision	перемогти - win
тоді - then	завдяки - thanks to
країна - country	композиція - song
представляти - represent	гурт - band
співачка - singer	здобути перемогу - take the victory
посісти - take	
перше місце - the first place	

ЩО ЦІКА́ВОГО?
WHAT'S INTERESTING?

Audio 5.7. Listen, read and translate

Украї́на де́кілька разів була́ близько́ю до перемо́ги на Євроба́ченні. Так, у 2007 (дві ти́сячі сьо́мому) ро́ці на ко́нкурсі в Ге́льсінкі (Фінля́ндія) Вє́рка Сердю́чка (сцені́чний о́браз Андрі́я Дани́лка) посі́ла дру́ге мі́сце з пі́снею "Dancing Lasha Tumbai". Перемо́жницею тоді́ ста́ла співа́чка з Се́рбії Марі́я Шери́фович з пі́снею "Molitva".

Ukraine has been close to winning Eurovision several times. Thus, in 2007 at the contest in Helsinki (Finland) Verka Serdyuchka (stage name of Andriy Danylko) took second place with the song "Dancing Lasha Tumbai." The winner then was Serbian singer Maria Sherifovic with the song "Molitva."

Вє́рка Сердю́чка.
Verka Serdyuchka

У 2013 (дві ти́сячі трина́дцятому) ро́ці у шве́дському Ма́льме украї́нська співа́чка Зла́та О́гнєвич з пі́снею "Gravity" посі́ла тре́тє мі́сце. Перемо́гу тоді́ здобула́ да́нська співа́чка Е́мілі де Форе́ст з пі́снею "Only teardrops".

In 2013 in Malmö, Sweden, Ukrainian singer Zlata Ognevych with the song "Gravity" took third place. The victory was then won by Danish singer Emily de Forrest with the song "Only teardrops."

Зла́та Огнє́вич.
Zlata Ognevych

Audio 5.8. Listen, read and translate

Джон: Пам'ятáєш, якúй зáвтра день?

Майк: Якщó чéсно, ні. Це щось важлúве?

Дж.: Завтра 24 (двáдцять четвéрте) сéрпня.

М.: А, так, День незалéжності Украї́ни.
Зáвтра концéрт "Океáну Éльзи", чи не так?

Дж.: Авжéж, на Олімпíйському стадіóні.

М.: У минýлому рóці на Олімпíйському був концéрт рíзних украї́нських виконáвців. Алé мені́ такóж дýже сподóбалося.

Дж.: Я люблю́ пісні́ "OE" ("Океáну Éльзи"), і давнó хотíв побувáти на ї́хньому живóму вúступі.

М.: Так, гадáю, це бýде непереврéшено.

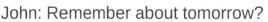

Київ. Національний спортивний комплекс «Олімпійський». Kyiv. NSC Olimpiysky

John: Remember about tomorrow?

Mike: To be honest, no. Is that something important?

J.: Tomorrow is August 24.

M.: Oh, yes, Ukraine's Independence Day. Tomorrow is the concert of "Okean Elzy," right?

J.: Sure, at the Olympic Stadium.

M.: Last year at the Stadium there was a concert of various Ukrainian singers. But I liked it very much as well.

J.: I love the "OE" songs ("Okean Elzy"), and have long wanted to see their live performance.

M.: Yes, I think it will be wonderful.

Час граматики. Grammar time
Майбутній час 2. Future tense 2

For perfective verbs, in the Future tense we add endings to the verb.
See the verb endings in the chart:

Person	Conjugation 1	Conjugation 2
Я	-у (-ю)	-ю
Ти	-еш (-єш)	-иш
Він, вона, воно	-е (-є)	-ить
Ми	-емо (-ємо)	-имо
Ви	-ете (єте)	-ите
Вони	-уть (-ють)	-ять

Let's practice!
Write the Future forms for the infinitives:

Прийти́ – я прийду́, ти при́йдеш, він при́йде, ми при́йдемо, ви при́йдете, вони́ при́йдуть.

Заспіва́ти – _____.

Попроси́ти – _____.

Послу́хати – _____.

Написа́ти – _____.

Навчи́ти – _____.

The key:
Прийти́ – я прийду́, ти при́йдеш, він при́йде, ми при́йдемо, ви при́йдете, вони́ при́йдуть.
Заспіва́ти – я заспіва́ю, ти заспіва́єш, він заспіва́є, ми заспіва́ємо, ви заспіва́єте, вони́ заспіва́ють.
Попроси́ти – я попрошу́, ти попро́сиш, він попро́сить, ми попро́симо, ви попро́сите, вони́ попро́сять.
Послу́хати – я послу́хаю, ти послу́хаєш, він послу́хає, ми послу́хаємо, ви послу́хаєте, вони́ послу́хають.
Написа́ти – я напишу́, ти напи́шеш, він напи́ше, ми напи́шемо, ви напи́шете, вони́ напи́шуть.
Навчи́ти – я навчу́, ти навчи́ш, він навчи́ть, ми навчимо́, ви навчите́, вони навча́ть.

УРОК 6

Києво-Могилянська акедемія.
Kyiv Mohyla Academy

ОСВІТА
EDUCATION

ПИСАНКА

Бра́тські шко́ли. Brotherhood Schools

Audio 6.1. Listen, read and translate

У п'ятна́дцятому столі́тті на украї́нських зе́млях почали́ з'явля́тися бра́тства. Це були́ спільно́ти, що ча́сто виника́ли при церква́х.

In the fifteenth century, brotherhoods began to appear in the Ukrainian lands. These were communities that often emerged in churches.

Бра́тства ство́рювали шко́ли, куди прийма́ли всіх діте́й. Дітям із бі́дних сіме́й надава́лася допомо́га. Найвідо́мішими були́ бра́тські шко́ли у Льво́ві, Ки́єві та Лу́цьку. Вчителі́ шкіл були́ тако́ж а́вторами пе́рших украї́нських підру́чників.

The brotherhoods established schools to accept all children. Kids from poor families had assistance. The most popular were brotherhood schools in Lviv, Kyiv and Lutsk. School teachers were also the authors of the first Ukrainian textbooks.

У шко́лах виклада́ли чита́ння, лічбу́, письмо́, а тако́ж "сім ві́льних мисте́цтв". Це були грама́тика, діале́ктика, рито́рика, арифме́тика, геоме́трія, астроно́мія та му́зика.

Ки́ївський Бра́тський монастир.
Kyiv Brotherhood Monastery

Schools taught reading, math, writing, and the "seven free arts." These were grammar, dialectics, rhetoric, arithmetic, geometry, astronomy, and music.

зе́млі - lands
поча́ти - begin
з'явля́тися - appear
бра́тство - brotherhood
спільно́та - community
ча́сто - often
виника́ти - emerge
це́рква - church
ство́рювати - establish
шко́ла - school
прийма́ти - accept

ді́ти - children
бі́дна сім'я́ - poor family
надава́ти допомо́гу - provide assistance
найвідо́міший - the most popular
вчи́тель - teacher
а́втор - author
підру́чник - textbook
виклада́ти - teach
чита́ння - reading

лічба́ - math
письмо́ - writing
ві́льні мисте́цтва - free arts
грама́тика - grammar
діале́ктика - dialectics
рито́рика - rhetoric
арифме́тика - arithmetic
геоме́трія - geometry
астроно́мія - astronomy
му́зика - music

Пéрші університéти.
The first universities
Audio 6.2. Listen, read and translate

Пéршим університéтом на укрáїнських зéмлях булá Острóзька акадéмія. 1576 (ти́сяча п'ятсóт сімдеся́т шóстий) рік вважáють рóком її заснувáння.

The first university in the Ukrainian lands was the Ostroh Academy. 1576 is considered the year of its foundation.

Студéнти Акадéмії вивчáли сім ві́льних наýк (грамáтику, ритóрику, діалéктику, арифмéтику, геомéтрію, мýзику, астронóмію). Крім того – філосóфію, богослі́в'я та медици́ну.

Students of the Academy learned the seven free arts (grammar, rhetoric, dialectics, arithmetic, geometry, music and astronomy). As well as philosophy, theology and medicine.

Настýпним університéтом стáла Ки́єво-Могиля́нська акадéмія. Вонá булá ствóрена в 1659 (ти́сяча шістсóт п'ятдеся́т дев'я́тому) рóці в Ки́єві на оснóві Ки́єво-Брáтської колéгії.

The next university was the Kyiv Mohyla Academy. It was established in 1659 in Kyiv on the basis of the Kyiv Brotherhood College.

Костянтин Острозький. Konstantin Ostrozkyy

Навчáння в Акадéмії булó достýпним для всіх людéй. Студéнти вивчáли предмéти лати́нською мóвою прóтягом дванáдцяти рóків.

Studying at the Academy was accessible to all people. Students learned subjects in Latin for twelve years.

Петро Могила Petro Mohyla

У пéрші роки́ викладáлися основні́ дисципли́ни (грамáтика, си́нтаксис, ритóрика, поéтика, філосóфія та богослі́в'я). Такóж тут вивчáли мóви: грéцьку, пóльську, німéцьку, францýзьку та багáто і́нших.

In the first years, the main disciplines (grammar, syntax, rhetoric, poetics, philosophy and theology) were taught. Languages were also studied here: Greek, Polish, German, French and many others.

Острóзька акадéмія - the Ostroh Academy
вважáють - is considered
заснувáння - foundation
вивчáти - learn
грамáтика - grammar
ритóрика - rhetoric
діалéктика - dialectics
арифмéтика - arithmetic
геомéтрія - geometry
астронóмія - astronomy

філосóфія - philosophy
богослі́в'я - theology
медици́на - medicine
настýпний - next
ствóрений - established
на оснóві - on the basis
Ки́єво-Брáтська колéгія - the Kyiv Brotherhood College
достýпний - accessible
предмéт - subject

прóтягом - for
викладáтися - taught
лати́нська
основні́ дисципли́ни - subjects
си́нтаксис - syntax
поéтика - poetics
грéцьку - Greek
пóльську - Polish
німéцька - German
францýзька - French

61

ЩО ЦІКА́ВОГО?
WHAT'S INTERESTING?

Audio 6.3. Listen, read and translate

У пе́ршій полови́ні дев'ятна́дцятого столі́ття на украї́нських зе́млях почали́ з'явля́тися суча́сні університе́ти, наса́мперед, у Ха́ркові та Ки́єві.

In the first half of the nineteenth century, modern universities began to appear on the Ukrainian lands, primarily in Kharkiv and Kyiv.

Ха́рківський націона́льний університе́т – оди́н із найста́ріших у Схі́дній Євро́пі. Університе́т був засно́ваний у 1804 (ти́сяча вісімсо́т четве́ртому) ро́ці за підтри́мки Василя́ Кара́зіна, відо́мого грома́дського діяча́.

Kharkiv National University is one of the oldest in Eastern Europe. The university was founded in 1804 with the support of Vasily Karazin, a famous public figure.

Споча́тку тут було́ чоти́ри факульте́ти: фі́зико-математи́чний, істо́рико-філологі́чний, меди́чний і юриди́чний.

Initially, there were four departments: physics and mathematics, history and philology, medicine and law.

У 1834 (ти́сяча вісімсо́т три́дцять четве́ртому) ро́ці відбуло́ся відкриття́ Ки́ївського університе́ту. Споча́тку тут працюва́в лише́ оди́н філосо́фський факульте́т. Він мав два відді́лення: істо́рико-філологі́чне та фі́зико-математи́чне.

In 1834 the University of Kiev was founded. In the beginning, there was only one Faculty of Philosophy. It had two departments - history and philology, as well as physics and mathematics.

Незаба́ром відкри́лися юриди́чний та меди́чний факульте́ти. Сього́дні Ки́ївський та Ха́рківський університе́ти є одни́ми з найбі́льших в Украї́ні.

Soon law and medical departments opened. Today Kyiv and Kharkiv universities are among the largest in Ukraine.

Audio 6.4. Listen, read and translate

Тама́ра: Ході́мо сього́дні вве́чері в кіно́!
Лари́са: Ви́бач, я не мо́жу. У мене за́втра іспит
Я ма́ю вчи́тися.
Т.: А яки́й предме́т?
Л.: Педаго́гіка. Мені́ потрі́бно ще бага́то прочита́ти.
Т.: А в яко́му університе́ті ти навча́єшся?
Л.: Ки́ївський університе́т і́мені Тара́са Шевче́нка. Спеціа́льність - украї́нська мо́ва та літерату́ра.
Т.: О, ти бу́деш викладаче́м украї́нської мо́ви?
Л.: Так, мені ду́же подо́бається ця профе́сія.
Т.: Мені́ теж. Бажа́ю у́спіхів на іспиті!
Л.: Дя́кую.

Tamara: Let's go to the movies tonight!
Larysa: I'm sorry, I can't. I have an exam tomorrow. I have to study.
T.: And what is the subject?
L.: Pedagogy. I still have a lot to read.
T.: And what university do you study at?
L.: Taras Shevchenko Kyiv University. My major is Ukrainian language and literature.
T.: Oh, will you be a teacher of the Ukrainian language?
L.: Yes, I really like this profession.
T.: Me too. Good luck on the exam!

ході́мо - let's go
сього́дні вве́чері - tonight
в кіно́ - to the movies
ви́бач - I am sorry
я не мо́жу - I can't
за́втра - tomorrow
іспит - exam

я ма́ю - I have to
вчи́тися - study
предме́т - subject
педаго́гіка - pedagogy
мені́ потрі́бно - I have to
бага́то - a lot
прочита́ти - read

університе́т - university
навча́тися - study
спеціа́льність - major, occupation
виклада́ч - teacher
профе́сія - profession
бажа́ю у́спіхів - good luck

Час грамáтики.
Grammar time

Стýпені порівня́ння 1.
Degrees of comparison 1

Ukrainian adjectives have three forms of comparison – positive, comparative and superlative. There are two ways of forming comparative and superlative degrees:

1.By suffixes and prefixes: дóбрий – добрíший – найдобрíший (kind – kinder – the kindest).

2. By adding words більш/найбільш (more/ the most) та менш/ найменш (less/ the least):
га́рний – більш га́рний – найбільш га́рний (beautiful – more beautiful – the most beautiful).

Львівський національний університет імені Івана Франка.
Ivan Franko National University of Lviv

Let's see in the chart how the degrees are formed:

positive degree	comparative degree positive degree + suffixes -ш-/-іш-	superlative degree comparative degree + prefix най-
щасли́вий (happy)	щасли́віший (happier)	**най**щасли́віший (the happiest)
си́льний (strong)	сильні́ший (stronger)	**най**сильні́ший (the strongest)
молоди́й (young)	моло́дший (younger)	**най**моло́дший (the youngest)
коро́ткий (short)	коро́тший (shorter)	**най**коро́тший (the shortest)

NB! Suffixes -к-, -ок- and -ек- drop out in comparative and superlative degrees:

глибо́кий (deep) – гли́бший (deeper), найгли́бший (the deepest)

дале́кий (far) – да́льший (farther), найда́льший (the farthest)

Let's practice! Write the degrees of the adjectives in Ukrainian:

Харківський національний університет імені Василя Назаровича Каразіна.
V. N. Karazin Kharkiv National University

Розу́мний (smart) – розумні́ший (smarter), найрозумні́ший (the smartest).
Деше́вий (cheap) – _____.
Смішни́й (funny) – _____.
До́брий (kind) – _____.
Сумни́й (sad) – _____.
Швидки́й (fast) – _____.

The key:
Розу́мний (smart) – розумні́ший (smarter), найрозумні́ший (the smartest).
Деше́вий (cheap) – деше́вший (cheaper), найдеше́вший (the cheapest).
Смішни́й (funny) – смішні́ший (funnier), найсмішні́ший (the funniest).
До́брий (kind) – добрі́ший (kinder), найдобрі́ший (the kindest).
Сумни́й (sad) – сумні́ший (sadder), найсуині́ший (the saddest).
Швидки́й (fast) – шви́дший (faster), найшви́дший (the fastest).

Шко́ли в Украї́ні. Schools in Ukraine

Audio 6.5. Listen, read and translate

Сього́дні шкільна́ осві́та в Украї́ні ма́є початко́ву, ба́зову сере́дню та ста́ршу школи. Загало́м ді́ти навча́ються у шко́лі про́тягом двана́дцяти ро́ків.

Today, public education in Ukraine is divided into junior, middle and high school. In total, children attend school for twelve years.

Пе́рші чоти́ри ро́ки у́чні вча́ться чита́ти, писа́ти та рахува́ти. Тако́ж вони́ почина́ють вивча́ти інозе́мну мо́ву, природозна́вство, інформа́тику та і́нші предме́ти.

For the first four years, students learn to read, write, and count. They also begin to learn a foreign language, natural sciences, computer science and other subjects.

Про́тягом насту́пних п'яти́ ро́ків у́чні отри́мують ба́зову сере́дню осві́ту. Ді́ти продо́вжують вивча́ти українську та інозе́мну мо́ви, матема́тику, природни́чі та гуманіта́рні нау́ки.

Over the next five years, students get basic secondary education. Children continue to study Ukrainian and foreign languages, mathematics, natural sciences and humanities.

У ста́рших кла́сах у́чні покра́щують свої́ знання́ та готу́ються до всту́пу в університе́т.

In high school, students improve their knowledge and prepare for university admission.

шкільна́ осві́та - public education
початко́ва школа - elementary school
ба́зовий - basic
сере́дня школа - middle school
ста́рша школа - high school
загало́м - in total
навча́тися - study
про́тягом - for
у́чень - student
вчи́тися - learn, study

чита́ти - read
писа́ти - write
рахува́ти - count
почина́ти - begin
вивча́ти - learn, study
інозе́мна мо́ва - foreign language
природозна́вство - natural sciences
інформа́тика - computer science
предме́т - subject
насту́пний - next

отри́мувати - get
продо́вжувати - continue
матема́тика - mathematics
природни́чі нау́ки - natural sciences
гуманіта́рні нау́ки - humanities
ста́рші кла́си - senior classes
покра́щувати - improve
знання́ - knowledge
готу́ватися - prepare
вступ в університе́т - university admission

Ви́ща осві́та.
Higher education

Audio 6.6. Listen, read and translate

Украї́нські студе́нти навча́ються в університе́тах, акаде́міях та інститу́тах. Після навча́ння вони́ отри́мують сту́пінь бакала́вра або магі́стра.

Ukrainian students study at universities, academies and institutes. After their studies, they get a bachelor's or master's degree.

На пе́рших ку́рсах студе́нти прохо́дять ба́зові дисциплі́ни та вступ до спеціа́льності. Курси в бакалавра́ті та магістрату́рі пов'язані з профе́сією. Щоб отри́мати дипло́м, потрі́бно написа́ти бакала́врську або́ магі́стерську робо́ту.

In the first years, students learn basic disciplines and introduction to their major subjects. The bachelor's and master's degree courses are related to the profession. To get a diploma, it is required to write a bachelor's or master's thesis.

Щоб вступи́ти до університе́ту необхі́дно пройти́ зо́внішнє незале́жне оці́нювання з украї́нської мо́ви, матема́тики, істо́рії або інозе́мної мо́ви та предме́ту на ви́бір.

To enter the university, you need to pass an External independent examination in Ukrainian language, mathematics, history or a foreign language and the subject of choice.

студе́нт - student
навча́тися - study
університе́т - university
акаде́мія - academy
інститу́т - institute
навча́ння - studies
отри́мувати - get
сту́пінь - degree
бакала́вр - bachelor
магі́стр - master's
прохо́дити - learn

ба́зові дисциплі́ни - basic disciplines
вступ - introduction
спеціа́льність - major
курс - course
бакалавра́т - bachelor's courses
магістрату́ра - master's courses
пов'я́заний - related
профе́сія - profession
дипло́м - diploma
потрі́бно - it is required
написа́ти - write

бакала́врська работа - bachelor's thesis
магі́стерська робо́та - master's thesis
вступи́ти до університе́ту - enter the university
необхі́дно - you need to
пройти́ - pass
зо́внішнє незале́жне оці́нювання - External independent examination
матема́тика - mathematics
істо́рія - history
інозе́мна мо́ва - foreign language
предме́т на ви́бір - subject of choice

Audio 6.7. Listen, read and translate

У радя́нські часи́ в Украї́ні ді́яла п'ятиба́льна систе́ма оці́нок у шко́лах та університе́тах. П'ять означа́ло "відмі́нно" (А), чоти́ри – "до́бре" (В), три – "задові́льно" (С), два – "незадові́льно" (D).

In Soviet times, Ukraine had a five-point grading system in schools and universities. Five meant "excellent" (A), four – "good" (B), three – "satisfactory" (C), two – "unsatisfactory" (D).

З 2000 (двохти́сячного) ро́ку в украї́нських шко́лах ввели́ дванадцятиба́льну систе́му оці́нок. Тепе́р щоб отри́мати А, необхі́дно де́сять – двана́дцять ба́лів, В: сім – де́в'ять, С: чоти́ри – шість, D: три і ни́жче.

Since 2000, a twelve-point grading system has been introduced in Ukrainian schools. Now to get an A, you need ten to twelve points, a B is seven to nine, a C is four to six, and a D is three and below.

Зо́внішнє незале́жне оці́нювання (ЗНО) є обов'язко́вим для всіх, хто хо́че вступи́ти до університе́ту в Украї́ні. Чим ви́щий бал, тим бі́льше ша́нсів для всту́пу.

External independent examination is mandatory for anyone who wants to enter a university in Ukraine. The higher the score, the better the chances of admission.

На сього́дні потрі́бно склада́ти ЗНО з украї́нської мо́ви та літерату́ри, матема́тики, інозе́мної мо́ви або істо́рії. Проте́ ко́жного ро́ку відбува́ються нові́ змі́ни.

Today it is necessary to pass an external examination in Ukrainian language and literature, mathematics, foreign language or history. However, new changes occur every year.

Audio 6.8. Listen, read and translate

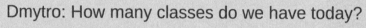

Дмитро́: Скі́льки у нас сього́дні заня́ть?

Тетя́на: Дві ле́кції та оди́н семіна́р.

Д.: Які́ ле́кції?

Т.: Істо́рія Украї́ни та філосо́фія.

Д.: А семіна́р?

Т.: Англі́йська мо́ва.

Д.: Яке́ було́ дома́шнє завда́ння?

Т.: Прочита́ти текст про університе́т та відпові́сти на пита́ння.

Д.: Дай, будь ла́ска, мені́ підру́чник.

Т.: Зві́сно, трима́й.

Д.: Ду́же дя́кую.

Dmytro: How many classes do we have today?

Tatiana: Two lectures and one seminar.

D.: What lectures?

T.: History of Ukraine and Philosophy.

D.: And the seminar?

T.: English.

D.: What was the homework?

T.: To read the text about the university and answer the questions.

D.: Can you please give me a textbook?

T.: Sure, here it is.

D.: Thank you very much.

скі́льки - how many	філосо́фія - philosophy
сього́дні - today	англі́йська мо́ва - English
заня́ття - classes	дома́шнє завда́ння - homework
ле́кція - lecture	прочита́ти - read
семіна́р - seminar	текст - text
який - what	університе́т - university
істо́рія Украї́ни - history of Ukraine	

відпові́сти на пита́ння - answer the questions

дай, будь ла́ска - can you please give me ...?

підру́чник - textbook

зві́сно - sure

трима́й - here it is

ду́же дя́кую - thank you very much

Час грама́тики. Grammar time

Сту́пені порівня́ння 2. Degrees of comparison 2

Another way of forming degrees of comparisons in adjectives is by adding words "більш" (more) or "менш" (less) to the adjectives. The adjective form does not change.

**Let's see in the chart how
the degrees are formed:**

positive degree	comparative degree більш/ менш + positive degree	superlative degree найбі́льш/ найме́нш + positive degree
щасли́вий (happy)	**більш** щасли́вий (happier)	**найбі́льш** щасли́вий (the happiest)
си́льний (strong)	**більш** си́льний (stronger)	**найбі́льш** си́льний (the strongest)
молоди́й (young)	**більш** молоди́й (younger)	**найбі́льш** молоди́й (the youngest)
коро́ткий (short)	**більш** коро́ткий (shorter)	**найбі́льш** коро́ткий (the shortest)

Let's compare:

Га́рний (beautiful) – гарні́ший/більш га́рний –
найгарні́ший/найбільш га́рний.

Розу́мний (smart) – розумні́ший/більш розу́мний –
найрозумні́ший/найбільш розу́мний.

Remember comparative and superlative forms of some adjectives:

positive degree	comparative degree	superlative degree
до́брий (good)	кра́щий (better)	найкра́щий (the best)
пога́ний (bad)	гі́рший (worse)	найгі́рший (the worst)
вели́кий (big)	бі́льший (bigger)	найбі́льший (the biggest)
мали́й (small)	ме́нший (smaller)	найме́нший (the smallest)

Let's practice! Translate into in Ukrainian:

1.This is the happiest day. – Це найщасливі́ший (найбі́льш щасли́вий) день.

2. That house is bigger. – _____.

3. Maria is younger that Nadia. – _____.

4. This road is the shortest. – _____.

5. This is the smallest classroom. – _____.

6. I got the best grade in the class. – _____.

The key:
1.This is the happiest day. – Це найщасливі́ший (найбі́льш щасли́вий) день.
2.That house is bigger. – Той буди́нок бі́льше.
3.Maria is younger that Nadia. – Марі́я моло́дша за На́дю.
4.This road is the shortest. – Ця доро́га найкоро́тша (найбі́льш коро́тка).
5.This is the smallest classroom. – Це найме́нший клас.
6.I got the best grade in the class. – Я отри́мав найкра́щу оці́нку в кла́сі.

УРОК 7

СПОРТ
SPORT

Андрій Шевченко. Andriy Shevchenko

Коро́ль Жерди́ни.
The King of the Pole Vault

Audio 7.1. Listen, read and translate

Сергі́й Бу́бка – видатни́й украї́нський легкоатле́т, що пе́ршим стрибну́в із жерди́ною на висоту́ шість ме́трів.

Serhiy Bubka is an outstanding Ukrainian athlete who was the first to jump six meters in pole vaulting.

Світови́й реко́рд Бу́бки – шість ме́трів п'ятна́дцять сантиме́трів – трива́лий час залиша́вся недося́жним. Загало́м украї́нський атле́т поста́вив три́дцять п'ять світови́х реко́рдів.

Bubka's world record of six meters and fifteen centimeters remained unattainable for a long time. In total, the Ukrainian athlete set thirty-five world records.

Сергі́й Бу́бка – багаторазо́вий чемпіо́н сві́ту та Євро́пи. У 1988 (ти́сяча дев'ятсо́т вісімдеся́т во́сьмому) ро́ці він став чемпіо́ном Олімпі́йських і́гор у Сеу́лі.

Сергій Бубка.
Serhiy Bubka

Serhiy Bubka is a multiple world and European champion. In 1988, he became the champion of the Olympic Games in Seoul.

Памятник Сергію Бубці.
The monument to Serhiy Bubka

видатни́й - outstanding	залиша́тися - remain
легкоатле́т - athlete	недося́жний - unattainable
стрибну́ти - jump	загало́м - in total
жерди́на - pole	поста́вити реко́рд - set a record
висота́ - height	багаторазо́вий - multiple
світови́й реко́рд - world record	чемпіо́н сві́ту - world champion
трива́лий час - for a long time	Олімпі́йські і́гри - Olympic Games

Шéва. Sheva

Audio 7.2. Listen, read and translate

Андрíй Шевчéнко – одúн із найвідóміших українських футболíстів. Він був напáдником у футбóльних клýбах: кúївське "Динáмо", "Мілáн" та "Чéлсі".

Andriy Shevchenko is one of the most famous Ukrainian football players. He was a striker in Dynamo Kyiv, Milan and Chelsea football clubs.

Андрíй Шевчéнко – пéрший українець, якúй вúграв Лíгу чемпіóнів. У 2004 (дві тúсячі четвéртому) рóці він отрúмав нагорóду "Золотúй м'яч" як найкрáщий футболíст Єврóпи.

Andriy Shevchenko is the first Ukrainian to win the Champions League. In 2004, he got the "Golden Ball" award as the best football player in Europe.

Пíсля завéршення кар'єри футболíста Шевчéнко працювáв головнúм трéнером націонáльної збíрної Украïни з футбóлу.

Having finished his football career, Shevchenko worked as the head coach of the national football team of Ukraine.

Андрій Шевченко.
Andriy Shevchenko

найвідóміший - the most famous	"Золотúй м'яч" - "Golden Ball"
футболíст - football player	найкрáщий - the best
напáдник - striker	завéршення - finishing
клýб - club	кар'єра - career
вúграти - win	працювáти - work
Лíга чемпіóнів - the Champions League	головнúй трéнер - head coach
отрúмати нагорóду - get an award	націонáльна збíрна - national team

Audio 7.3. Listen, read and translate

Біатло́н є одни́м із найпопуля́рніших ви́дів спо́рту в Украї́ні. На́ші біатлоні́сти здобули́ бага́то меда́лей на чемпіона́тах сві́ту та Євро́пи.

Biathlon is one of the most popular sports in Ukraine. Our biathletes have won many medals at the world and European championships.

Проте́ найбі́льшим у́спіхом украї́нської збі́рної ста́ла перемо́га в жіно́чій естафе́ті на Олімпі́йських і́грах у 2014 (дві ти́сячі чотирна́дцятому) ро́ці. Тоді́ до кома́нди ввійшли́ Ю́лія Джи́ма, Оле́на Підгру́шна, Ві́та та Ва́ля Семере́нко.

Yet the greatest success of the Ukrainian national team was the victory in the women's relay at the Olympic Games in 2014. Yulia Dzhima, Olena Pidhrushna, Vita and Valj Semerenko were on the team.

Ві́та Семере́нко.
Vita Semerenko

Се́стри Ві́та та Ва́ля Семере́нко – найвідо́міші украї́нські біатлоні́стки. Вони́ перемо́жниці чемпіона́тів сві́ту та Євро́пи, олімпі́йські чемпіо́нки.

Sisters Vita and Valj Semerenko are the most famous Ukrainian biathletes. They are the winners of the world and European championships, and Olympic champions.

Ві́та та Ва́ля – близню́чки. Вони́ народи́лися на Су́мщині й разо́м почали́ займа́тися спо́ртом. І про́тягом кар'є́ри се́стри завжди́ були́ разо́м, на тра́сі й у житті́.

Vita and Valj are twins. They were born in the Sumy region and came to the sport together. And during their career, the sisters have always been together, on the track and in life.

Ва́ля Семере́нко.
Valj Semerenko

75

Audio 7.4. Listen, read and translate

Фред: Ти дивився вчóра Суперкýбок України з футбóлу?

Кéвін: Авжéж, як це мóжна пропустúти? "Шахтáр" – "Динáмо". Булó цікáво.

Ф.: Люблю дивúтися, як грáють ці команди. Вчóра пощастúло вúграти "Шахтарю".

К.: Так, три – нуль. Я сподівáвся, що "Динáмо" теж заб'є.

Ф.: Воú намагáлися, протé "Шахтáр" спрáвді був сильнíшим.

К.: Так, кияни мáли кíлька чудóвих момéнтів. Циганкóв повúнен був забити, але голкíпер "Шахтаря" врятувáв від гóлу.

Ф.: У "гірникíв" був дýже сúльний склад. Кияни намагáлися, але в них нічóго не вúйшло.

К.: Настýпного рáзу хóчу подивúтися матч вживý, на стадіóні. Пíдемо разóм?

Ф.: Чудóва ідéя!

Fred: Did you watch the Ukrainian Super Cup yesterday?

Kevin: Sure, how could I miss that? "Shakhtar" vs "Dynamo". It was interesting.

F.: I like to watch these teams play. "Shakhtar" was lucky to win yesterday.

K.: Yes, three to nil. I hoped "Dynamo" would score as well.

F.: They tried, but "Shakhtar" was really stronger.

K.: Yes, "Dynamo" had some great moments. Tsygankov should have scored, but the Shakhtar's goalkeeper saved them from the goal.

F.: "Shakhtar" had a very strong team. "Dynamo" tried, but with no luck.

K.: Next time I want to watch the match live, at the stadium. Shall we go together?

F.: Great idea!

Футбольний клуб "Шахтар". FC "Shakhtar"

дивúтися - watch	сподівáтися - hope	момéнт - moment	нічóго не вúйшло - with no luck
вчóра - yesterday	забúти - score	повúнен - have to	настýпного рáзу - next time
Суперкýбок - Super Cup	намагáтися - try	голкíпер - goalkeeper	хотíти - want
авжéж - sure	протé - but	врятувáти - save	вживý - live
пропустúти - miss	спрáвді - really	гол - goal	стадіóн - stadium
цікáво - interesting	сильнíший - stronger	"гірникú" - here:	Пíдемо разóм? -
грáти - play	кияни - here:	"Shakhtar" players	Shall we go together?
комáнда - team	"Dynamo" players	сúльний - strong	Чудóва ідéя! - Great idea!
пощастúти - be lucky	кíлька - several	склад - team	
вúграти - win	чудóвий - great	намагáтися - try	

Час грама́тики. Grammar time
Тепері́шній час 1. Present tense 1.

In Present tense we need to add the endings to the root of the verb, which is often the form of the infinitive without the suffix "-ти": читати (to read) – "чита-".

There are two types of verb conjugation in the Present tense.

See the endings
of Conjugation 1 in the chart:

Я ід-у́	Я чита́-ю
Ти ід-е́ш	Ти чита́-єш
Він ід-е́	Він чита́-є
Ми ід-емо́	Ми чита́-ємо
Ви ід-ете́	Ви чита́-єте
Вони йд-у́ть	Вони чита́-ють

Let's practice. Conjugate the verbs in the present tense:

Слу́хати – я слу́хаю, ти слу́хаєш, він слу́хає, ми слу́хаємо, ви слу́хаєте, вони слу́хають.

Розмовля́ти – _____.

Нести́ – _____.

Зна́ти – _____.

Писа́ти – _____.

Гну́ти – _____.

The key:
Слухати – я слухаю, ти слухаєш, він слухає, ми слухаємо, ви слухаєте, вони слухають.
Розмовляти – я розмовляю, ти розмовляєш, він розмовляє, ми розмовляємо, ви розмовляєте, вони розмовляють.
Нести – я несу, ти несеш, він несе, ми несемо, ви несете, вони несуть.
Знати – я знаю, ти знаєш, він знає, ми знаємо, ви знаєте, вони знають.
Писати – я пишу, ти пишеш, він пише, ми пишемо, ви пишете, вони пишуть.
Гнути – я гну, ти гнеш, він гне, ми гнемо, ви гнете, вони гнуть.

Брати́ Кличкѝ.
Klitschko Brothers

Audio 7.5. Listen, read and translate

Віта́лій та Володи́мир Кличкѝ – відо́мі українські боксе́ри, чемпіо́ни сві́ту з бо́ксу за ве́рсіями WBC, WBA, IBF, WBO та IBO. У 2019 (дві ти́сячі дев'ятна́дцятому) ро́ці брати́в Кличкі́в внесли до Кни́ги реко́рдів Гі́ннеса, а́дже вони́ на двох провели́ найбі́льшу кі́лькість бої́в.

Vitaliy and Volodymyr Klychko are well-known Ukrainian boxers, world boxing champions according to the WBC, WBA, IBF, WBO and IBO versions. In 2019, the Klitschko brothers were entered into the Guinness Book of Records, as the pair of brothers who have fought the most matches.

Віта́лій та Володи́мир Кличкѝ. Vitaliy and Volodymyr Klychko

Обѝдва брати́ ма́ють вче́ний сту́пінь кандида́та нау́к. Віта́лій Кличко́ акти́вно займа́ється полі́тикою. Він мер Ки́єва, голова́ Ки́ївської місько́ї держа́вної адміністра́ції та лі́дер па́ртії "УДА́Р Віта́лія Кличка́".

The two brothers have doctor of Philosophy degrees. Vitaliy Klitschko is actively involved in politics. He is the mayor of Kyiv, the head of the Kyiv City State Administration and the leader of Vitaliy Klitschko's UDAR party.

відо́мий - well-known
боксе́р - boxer
чемпіо́н сві́ту - world champion
ве́рсія - version
внести - record
Кни́га реко́рдів Гі́ннеса - the Guinness Book of Records
прове́сти бій - fight

найбі́льша кі́лькість - most
обѝдва - both
вче́ний сту́пінь - degree
кандида́т нау́к – PhD, doctor of Philosophy
акти́вно - actively
займа́тися полі́тикою - engaged in politics

мер - mayor
голова́ - head
місько́ - city
держа́вна адміністра́ція - State Administration
лі́дер - leader
па́ртія - party

Жан Беленю́к.
Jean Belenyuk
Audio 7.6. Listen, read and translate

Жан Беленю́к – відо́мий украї́нський боре́ць класи́чного сти́лю. Ма́ти Жа́на украї́нка, а ба́тько був громадяни́ном Руа́нди, льо́тчиком. Він заги́нув на батьківщи́ні, де йшла́ війна́. У дити́нстві однолі́тки ча́сто глузува́ли з Жа́на, проте́ він не реагува́в на обра́зи. На його́ ду́мку, це зроби́ло його́ сильні́шим.

Жан Беленю́к.
Jean Belenyuk

Jean Belenyuk is a famous Ukrainian classical style fighter. Jean's mother is a Ukrainian and his father was a Rwandan pilot. He died in his homeland, where there was a war. As a child, peers often made fun of Jean, but he did not react to insults. In his opinion, this made him stronger.

Беленю́к бага́то разі́в перемага́в на чемпіона́тах Євро́пи. У 2020 (дві ти́сячі двадця́тому) ро́ці він здобу́в зо́лото на Олімпі́йських і́грах у То́кіо. У 2019 (дві ти́сячі дев'ятна́дцятому) ро́ці Жан Беленю́к став депута́том Верхо́вної Ра́ди Украї́ни.

Belenyuk has won many European championships. In 2020 he won gold at the Olympic Games in Tokyo. In 2019, Jean Belenyuk became a deputy of the Ukrainian Parliament.

відо́мий - famous
боре́ць - fighter
класи́чний сти́ль - classical style
громадяни́н - citizen
Руа́нда - Rwanda
льо́тчик - pilot
заги́нути - die
батьківщи́на - homeland
війна́ - war

у дити́нстві - in childhood
однолі́ток - peer
ча́сто - often
глузува́ти - make fun of
проте́ - but
не реагува́ти - not react
обра́за - insult
на ду́мку - in opinion
сильні́шим - stronger

бага́то разі́в - many times
перемага́ти - win
чемпіона́т - championship
Євро́пи - Europe
здобу́ти - win
зо́лото - here: golden medal
Олімпі́йські і́гри - the Olympic Games
депута́т - deputy
Верхо́вна Ра́да Украї́ни - Ukrainian Parliament

Audio 7.7. Listen, read and translate

Українські тенісисти займа́ють пе́рші місця́ у світови́х ре́йтингах. Так, Елі́на Світо́ліна є спра́вжньою зі́ркою украї́нського те́нісу.

Ukrainian tennis players take the leading positions in the world rankings. So, Elina Svitolina is a true star of Ukrainian tennis.

У шістна́дцять ро́ків вона́ перемогла́ на юніо́рському турні́рі "Рола́н Гарро́с". У дев'ятна́дцять ро́ків вона́ ви́грала свій пе́рший доро́слий турні́р у Баку́. Елі́на займа́є акти́вну громадя́нську пози́цію, підтри́муючи Украї́ну у спо́рті та житті́.

At the age of sixteen, she won the Roland Garros junior tournament. At the age of nineteen, she won her first adult tournament in Baku. Elina takes an active civil position, supporting Ukraine in sports and life.

Елі́на Світо́ліна.
Elina Svitolina

Сергі́й Стахо́вський народи́вся в Ки́єві і з дити́нства займа́вся те́нісом. У вели́кому спо́рті Сергі́й дебютува́в у 2006 (дві ти́сячі шо́стому) ро́ці. За свою́ кар'є́ру здобу́в со́рок сім перемо́г.

Serhiy Stakhovsky was born in Kyiv and played tennis since childhood. Serhiy made his debut in the big sport in 2006. He won forty-seven victories during his career.

Стахо́вський тако́ж займа́ється виноро́бством, ма́ючи вла́сну ма́рку вин. У лю́тому 2022 (дві ти́сячі два́дцять дру́гого) ро́ку, пі́сля на́паду Росі́ї на Украї́ну, Сергі́й Стахо́вський вступи́в до лав Збро́йних сил Украї́ни.

Stakhovsky also works in winemaking, having his own brand of wine. In February 2022, after the Russian attack on Ukraine, Serhiy Stakhovsky joined the Armed Forces of Ukraine.

Сергі́й Стахо́вський.
Serhiy Stakhovsky

80

Audio 7.8. Listen, read and translate

Стів: Ти чув про нови́й бій У́сик – Джо́шуа?

Вілл: Спра́вді? Коли́ він бу́де?

С.: У се́рпні, у Сау́дівській Ара́вії.

В.: Клас. Я вже скуч́ив за бо́ксом.

С.: Я теж. Пам'ята́єш їх оста́нній бій?

В.: У Ло́ндоні? Так, це було́ чудо́во.

С.: У́сик тоді́ здобу́в чоти́ри пояси́.

В.: І Джо́шуа хо́че рева́ншу?

С.: Зві́сно. Ду́маю, бу́де ціка́во.

В.: Не мо́жу дочека́тися.

Steve: Have you heard about the new fight Usik vs Joshua?

Will: Really? When will it take place?

S.: In August, in Saudi Arabia.

W.: Cool. I miss boxing already.

S.: Me too. Do you remember their last fight?

W: In London? Yes, it was great.

S.: Usyk won four belts then.

W: And Joshua wants revenge?

S.: Sure. I think it will be fascinating.

W.: I am looking forward to it.

Олександр Усик
Oleksandr Usyk

чути - hear
нови́й - new
бій - fight
Спра́вді? - Really?
се́рпень - August
Сау́дівська Ара́вія - Saudi Arabia
Клас! - Cool!

скуч́ити за - miss
бокс - boxing
пам'ята́ти - remember
оста́нній бій - last fight
чудо́во - great
тоді́ - then
здобу́ти - win

по́яс - belt
хоті́ти рева́ншу - want revenge
Зві́сно. - Sure.
Ду́маю... - I think...
ціка́во - fascinating
Не мо́жу дочека́тися. - I am looking forward to it.

Час грама́тики. Grammar time

Тепері́шній час 2. Present tense 2

The verbs ending with **-ити**, **-іти**, **-їти**
belong to the second conjugation of verbs.

See the endings of Conjugation 2 for the Present tense in the chart:

Ольга Харлан
Olga Kharlan

Бачити (to see)	Говорити (to speak)
Я ба́ч-у	Я говор-ю
Ти ба́ч-иш	Ти говор-иш
Він ба́ч-ить	Він говор-ить
Ми ба́ч-имо	Ми говор-имо
Ви ба́ч-ите	Ви говор-ите
Вони бач-ать	Вони говор-ять

Let's practice.
Conjugate the verbs in the present tense:

Вчи́ти (to learn) – я вчу, ти вчиш, він вчить, ми вчимо́, ви вчите́, вони вчать.

Летіти (to fly) – _____.

Олена Костевич.
Olena Kostevych
Хвалити (to praise) – _____.

Тішити (to amuse) – _____.

Ліпити (to shape) – _____.

Доїти (to milk) – _____.

The key:
Вчити (to learn) – я вчу, ти вчиш, він вчить, ми вчимо, ви вчите, вони вчать.
Летіти (to fly) – я лечу, ти летиш, він летить, ми летимо, ви летите, вони летять.
Хвалити (to praise) – я хвалю, ти хвалиш, він хвалить, ми хвалимо, ви хвалите, вони хвалять.
Тішити (to amuse) – я тішу, ти тішиш, він тішить, ми тішимо, ви тішите, вони тішать.
Ліпити (to shape) – я ліплю, ти ліпиш, він ліпить, ми ліпимо, ви ліпите, вони ліплять.
Доїти (to milk) – я дою, ти доїш, він доїть, ми доїмо, ви доїте, вони доять.

УРОК 8

Коломия. Музей писанки.
Kolomyia. Pysanka Museum

ПИСАНКА СВЯТА HOLIDAYS

83

Різдво́. Christmas

Audio 8.1. Listen, read and translate

Для украі́нців Різдво́ є пе́ршим вели́ким свя́том у ново́му ро́ці. Правосла́вні святку́ють наро́дження Ісу́са Христа́ сьо́мого сі́чня.

Уве́чері шо́стого сі́чня, на Святве́чір, украі́нці коляду́ють – хо́дять гру́пами від ха́ти до ха́ти та співа́ють коля́дки – різдвя́ні пісні́. Коля́дників пригоща́ють ла́сощами та даю́ть гро́ші.

Рані́ше в день Різдва́ по хата́х ходи́ли з верте́пом. Це мале́нький лялько́вий теа́тр, в яко́му показува́ли виста́ву про наро́дження Христа́.

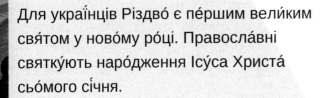
Колядки. Carols

Пе́ред Різдво́м в Украі́ні трива́є піст, яки́й закі́нчується на Святве́чір. На святко́вому столі́ ма́є бу́ти двана́дцять пісни́х страв і обов'язко́во кутя́. Це пшени́чна або́ ячмі́нна ка́ша з ме́дом.

For Ukrainians, Christmas is the first big holiday of the new year. The Orthodox celebrate the birth of Jesus Christ on January 7.

In the evening of January 6, on Christmas Eve, Ukrainians go from house to house in groups, singing *kolyadka*, Christmas songs. Carolers are given sweets and money.

In the past, on Christmas Day, people went from house to house with *vertep,* a small puppet show play about the birth of Christ.

Prior to Christmas, there is a fast which ends on Christmas Eve. On the festive table, there should be twelve lean meals and surely kutia, wheat or barley porridge with honey.

Вертеп. Nativity

Різдво́ - Christmas
вели́ке свя́то - big holiday
нови́й рік - new year
правосла́вні - the Orthodox
святкува́ти - celebrate
наро́дження - birth
Ісу́с Христо́с - Jesus Christ
сі́чень - January
Святве́чір - Christmas Eve
колядува́ти - sing carols
співа́ти - sing

коля́дка - carol
різдвя́на пі́сня - Christmas song
коля́дник - caroler
пригоща́ти - treat
ла́сощі - sweets
дава́ти гро́ші - give money
рані́ше - in the past
верте́п - nativity puppet show
лялько́вий теа́тр - puppet theatre
пока́зувати - perform
виста́ву - show

трива́ти - continue
піст - fast
закі́нчуватися - end
святко́вий стіл - festive table
пісна́ стра́ва - lean meal
обов'язко́во - surely
пшени́чний - wheat
ячмі́нний - barely
ка́ша - porridge
мед - honey

Великдень. Easter

Audio 8.2. Listen, read and translate

Воскресіння Ісуса Христа (Великдень) є також найважливішим святом для українців. Великодні традиції – це випікання пасок, фарбування яєць, розваги молоді та вшанування предків.

The resurrection of Jesus Christ (Easter) is also the most important holiday for Ukrainians. Easter traditions are baking Easter cakes, painting eggs, entertaining young people and honoring ancestors.

Перед Великоднем протягом сорока днів триває Великий піст. Тиждень перед святом називають Великим. У цей день люди вітають одне одного словами: "Христос воскрес!" і відповідають: "Воістину воскрес!".

The Great Fast lasts for forty days before Easter. The week before the holiday is called the Great Week. On this day, people greet each other with the words: "Christ has risen!" and they answer, "He has risen indeed!"

Великдень – родинне свято, на яке збирається вся сім'я. Розпочинаючи святковий сніданок, господар ріже свячену паску, кажучи: "Бог Отець, Бог Син і Бог Дух Святий!"

Паски та крашанки.
Easter cakes and eggs

Easter is a family holiday when the whole family gathers. Starting the festive breakfast, the host cuts the blessed Easter cake, saying: "God the Father, God the Son and God the Holy Spirit!"

воскресіння - resurrection
найважливіший -
the most important
свято - holiday
Великодні традиції -
Easter traditions
випікання - baking
паска - Easter cake
фарбування - painting
яйце - egg
розвага - entertaining
молодь - young people
вшанування - honoring

предки - ancestors
протягом - for
тривати - last
Великий піст - Great Fast
тиждень - week
називають - call
вітати - greet
"Христос воскрес!" -
"Christ has risen!"
відповідати - answer
"Воістину воскрес!" -
"He has risen indeed!"

родинне свято - family
holiday
збиратися - gather
розпочинаючи - starting
святковий - festive
сніданок - breakfast
господар - host
різати - cut
свячений - blessed
кажучи - saying
Дух Святий - Holy Spirit

ЩО ЦІКА́ВОГО?
WHAT'S INTERESTING?
Audio 8.3. Listen, read and translate

Пи́санка – це прикра́шене велико́днє яйце́, си́мвол весни́ та життя́. У мину́лому ко́жна роди́на малюва́ла вла́сні уніка́льні пи́санки. Тут малю́нки та кольори́ ма́ють вели́ке зна́чення. Так, черво́ний ко́лір означа́є любо́в, зеле́ний – весну́, блаки́тний – не́бо та во́ду.

Pysanka is a decorated Easter egg, a symbol of spring and life. In the past, each family painted their own unique Easter eggs. Drawings and colors are of great importance here. So, red is love, green is spring, and blue is sky and water.

Основни́ми елеме́нтами пи́санки є со́нце, зо́рі, хрест, квіти та де́рево життя́. Ко́жен регіо́н Украї́ни ма́є вла́сні неповто́рні писанки́, що відрізня́ються і кольора́ми, і си́мволами.

The main elements of Easter eggs are the sun, the stars, the cross, flowers and the tree of life. Each region of Ukraine has its own unique pysanka, which differs in colors and symbols.

Писанки.
Easter eggs

■■■■■■■■■■■■■■■■■■■■■■■■■■■

Існу́є чоти́ри ви́ди ро́зпису яє́ць: пи́санка, кра́шанка, кра́панка та дря́панка. Крашанки́ – це ва́рені яйця, пофарбо́вані рі́зними барвника́ми. Крашанки́ святять у це́ркві та їдя́ть на Вели́кдень.

Overalll, there are four types of painting eggs: pysanka, krashanka, krapanka and dryapanka. Krashankas are boiled eggs painted with different pigments. Krashankas are blessed in the church and eaten at Easter.

Крапанки́ – сирі́ я́йця, прикра́шені лише́ малю́нками з крапо́к. Кра́панку вважа́ють найпрості́шою фо́рмою пи́санки.

Krapanka is a raw egg, decorated only with drawings of dots. Krapanka is considered to be the simplest form of pysanka.

Щоб зроби́ти дря́панку, яйце́ фарбу́ють у те́мний ко́лір. На яйці́ малю́ють орна́мент олівце́м. Після цьо́го малю́нок видря́пують го́лкою або ши́лом.

To make a dryapanka, they paint an egg in dark color. An ornament is drawn on the egg with a pencil. After that, the picture is scratched with a needle or an awl.

86

Audio 8.4. Listen, read and translate

Дари́на: Як тобі́ ма́йстер-клас?

Окса́на: Чудо́во! Я намалюва́ла свою́ пе́ршу пи́санку!

Д.: Я тако́ж. Ніко́ли не ду́мала, що малю́нки на писанка́х ма́ють зна́чення.

О.: Авже́ж, мо́жна намалюва́ти свої́ бажа́ння, щоб вони́ здійсни́лися.

Д.: Була́ ду́же ціка́ва ро́зповідь про пи́санку. Сті́льки ново́го!

О.: Рані́ше писанки́ малюва́ли в ко́жній роди́ні. Це на́ші тради́ції.

Д.: А тепе́р це вид мисте́цтва. До ре́чі, ході́мо на фестива́ль пи́санок за́втра?

О.: Залюбки́. А де це?

Д.: Софі́ївська та Миха́йлівська пло́щі, у це́нтрі Ки́єва.

О.: Гара́зд. Ціка́во подиви́тися.

Daryna: How was your master class?

Oksana: Great! I painted my first pysanka!

D.: Me too. I've never thought that drawings on pysanka mean something.

A.: Of course, you can draw your wishes so they come true.

D.: There was a very interesting lecture about pysanka. I have learnt so much!

A.: In the past, pysanka was painted in every family. These are our traditions.

D .: And now it's a form of art. By the way, are we going to the Pysanka festival tomorrow?

A.: I'd love to. And where is it?

D.: Sofiyivska and Mykhailivska squares, in the center of Kyiv.

A.: Okay. It's interesting to see.

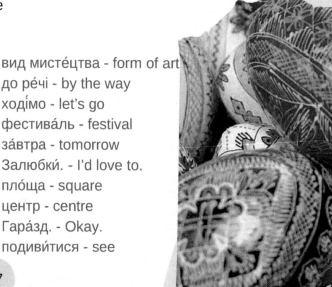

ма́йстер-клас - master class
Чудо́во! - Great!
намалюва́ти - paint
Ніко́ли не ду́мала. - I've never thought.
малю́нок - drawing
ма́ти зна́чення - mean
авже́ж - of course
мо́жна - you can
бажа́ння - wish

здійсни́тися - come true
ціка́вий - interesting
ро́зповідь - lecture
Сті́льки ново́го! - So much to learn!
рані́ше - in the past
ко́жний - every
роди́на - family
тради́ція - tradition
тепе́р - now

вид мисте́цтва - form of art
до ре́чі - by the way
ході́мо - let's go
фестива́ль - festival
за́втра - tomorrow
Залюбки́. - I'd love to.
пло́ща - square
центр - centre
Гара́зд. - Okay.
подиви́тися - see

Час грамáтики. Grammar time

Знахідний відмінок іменників 1. Accusative case in nouns 1

Accusative is often used in direct objects, for example:

Воná шукáє брáта. - She is looking for her brother.
Я знáю цю жíнку. - I know this woman.
Він бáчить кошеня́. - He sees a kitten.
Воní лю́блять тварúн. - They like animals.

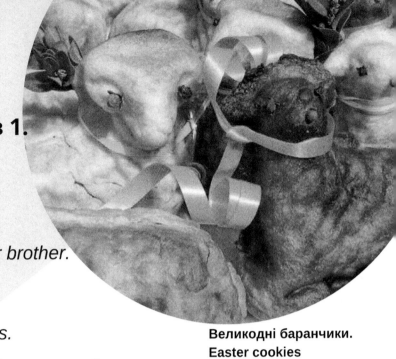
Великодні баранчики. Easter cookies

Let's see the endings in accusative case for animated nouns:

Чоловічий рід (masculine)	Жіночий рід (feminine)	Середній рід (neuter)
- (телефóн)	-у (газéту)	-о (селó)
- (день)	-ю (олíю)	-е (мóре)

Let's practice! Write the nouns in accusative:

дíвчина (girl) - дíвчину
дитúна (child) - _____
дід (grandfather) - _____
дóнька (daughter)- _____
зайченя́ (baby hare) - _____
лíкар (doctor) - _____
лáстівка (swallow) - _____

рúба (fish) - _____
метéлик (butterfly) - _____
бáтько (father) - _____
жíнка (woman) - _____
дирéктор (director) - _____
ягня́ (lamb) - _____

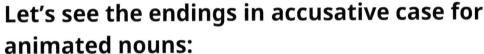

The key:
дíвчина (girl) - дíвчину
дитúна (child) - дитúну
дід (grandfather) - дíда
дóнька (daughter)- дóньку
зайченя́ (baby hare) - зайченя́
лíкар (doctor) - лíкаря
лáстівка (swallow) - лáстівку

рúба (fish) - рúбу
метéлик (butterfly) - метéлика
бáтько (father) - бáтька
жíнка (woman) - жíнку
дирéктор (director) - дирéктора
ягня́ (lamb) - ягня́

Великодні паски. Easter cakes

День незалéжності.
Independence Day
Audio 8.5. Listen, read and translate

Украïна святкýє День незалéжності двáдцять четвéртого сéрпня. Сáме в цей день у 1991 (тисяча дев'ятсóт дев'янósто пéршому) рóці Верхóвна Рáда ухвалила Акт проголóшення незалéжності Украïни.

Киïв. День незалéжності.
Kyiv. Independence Day

Ukraine celebrates Independence Day on August 24. On this day in 1991 the Verkhovna Rada adopted the Act of Independence of Ukraine.

Щорóку 24 сéрпня в украïнських містáх прохóдять святкувáння. Президéнт Украïни рóбить промóву та берé ýчасть у святкóвих зáходах.

Every year on August 24 celebrations take place in the Ukrainian cities. The President of Ukraine makes a speech and participates in festive events.

У Софíйському собóрі відбувáється молитва за Украïну. У Печéрському пáрку Києва прохóдить міськá виставка квітів та святкóвий концéрт. Увéчері свято завéршується феєрвéрком.

A prayer for Ukraine is held in St. Sophia Cathedral in Kyiv. Kyiv's Pechersky Park hosts a city flower show and a festive concert. In the evening the holiday ends with fireworks.

святкувáти - celebrate
сéрпень - August
сáме - it is
Верхóвна Рáда - Ukrainian Parliament
ухвалити - adopt
акт - Act

проголóшення - declaration
незалéжність - independence
щорóку - every year
прохóдити - take place
святкувáння - celebration
президéнт - president
рóбити промóву - make a speech
брáти ýчасть - participate
святкóвий зáхід - festive event
собóр - cathedral

відбувáтися - take place
молитва - prayer
парк - park
міський - city
виставка квітів - flower show
концéрт - concert
увéчері - in the evening
свято - holiday
завéршуватися - end
феєрвéрк - fireworks

Киïв. Парад
Kyiv. Parade

День захисників України. Ukraine's Defenders Day

Audio 8.6. Listen, read and translate

Чотирна́дцятого жо́втня украї́нці завжди́ відзнача́ли свя́то Покро́ви та День Украї́нського коза́цтва. У 2014 (дві ти́сячі чотирна́дцятому) ро́ці цей день став держа́вним свя́том захисника́ Украї́ни.

On October 14, Ukrainians always celebrated Pokrova and the Day of the Ukrainian Cossacks. In 2014, this day became a national holiday, Defender's Day.

Пі́сля росі́йської окупа́ції Кри́му та поча́тку війни́ на Донба́сі заги́нуло бага́то украї́нських во́їнів. О́тже, в цей день ми вшано́вуємо му́жність захисникі́в Украї́ни.

With the Russian occupation of Crimea and the beginning of the war in Donbas, many Ukrainian soldiers died. So, on this day we honor the courage of Ukrainian defenders.

Свя́то прохо́дить під га́слом "Си́ла неско́рених". А́дже са́ме неско́реність є основно́ю ри́сою украї́нських во́їнів.

The holiday is held under the slogan "The power of the unbroken." After all, unbrokenness is the main feature of Ukrainian soldiers.

жо́втень - October
завжди́ - always
відзнача́ти - celebrate
свя́то - holiday
Покро́ва - Pokrova
коза́цтво - Cossacks
держа́вне свя́то - national holiday

захисник - defender
росі́йський - Russian
окупа́ція - occupation
Крим - Crimea
поча́ток - beginning
війна́ - war
Донба́с - Donbas
заги́нути - die

бага́то - many
во́їн - warrior
о́тже - so
вшано́вувати - honor
му́жність - courage
прохо́дити - be held
га́сло - slogan

си́ла - power
неско́рений - unbroken
а́дже - as
са́ме - it is
неско́реність - unbrokenness
основни́й - main
ри́са - feature

Audio 8.7. Listen, read and translate

День Собо́рності щоро́ку відznача́ють два́дцять дру́гого сі́чня.

The Day of Unity is celebrated annually on January 22.

У цей день у 1919 (ти́сяча дев'ятсо́т двана́дцятому) ро́ці було́ проголо́шено А́кт Злу́ки, об'є́днання украї́нських земе́ль. Украї́нська Наро́дна Респу́бліка та Західноукраї́нська Наро́дна Респу́бліка об'єдна́лися.

On this day in 1919, the Act of Unification of the Ukrainian lands was proclaimed. The Ukrainian People's Republic and the Western Ukrainian People's Republic united.

Це був істори́чний день для Украї́ни. У 1999 (ти́сяча дев'ятсо́т дев'яно́сто дев'я́тому) ро́ці День собо́рності став офіці́йним свя́том в Украї́ні.

It was a historic day for Ukraine. In 1999, the Day of Unity became an official holiday in Ukraine.

Два́дцять во́сьмого че́рвня 1996 (ти́сяча дев'ятсо́т дев'яно́сто шо́стого) ро́ку Верхо́вна Ра́да ухвали́ла Конститу́цію Украї́ни. З то́го ча́су цей день є держа́вним свя́том.

On June 28, 1996, the Verkhovna Rada adopted the Constitution of Ukraine. Since then, this day has been a national holiday.

Конститу́ція Украї́ни є основни́м зако́ном держа́ви. У ній закрі́плені заса́ди незале́жності та територіа́льної ці́лісності Украї́ни. Крім то́го, у Конститу́ції запи́сані основні́ права́ украї́нців.

The Constitution of Ukraine is the main law of the country. It states the principles of independence and territorial integrity of Ukraine. In addition, the Constitution lists the basic rights of Ukrainians.

Audio 8.8. Listen, read and translate

Таміла: Які плани на день незалежності?

Сергій: Я ще не думав про це. А в тебе?

Т.: Я хочу піти на Хрещатик, подивитися парад. Цього року буде багато військових та техніки.

С.: Цікаво. О котрій він розпочинається?

Т.: О дев'ятій. Але нам треба прийти раніше.

С.: Добре. Що робитимемо після параду?

Т.: Можемо погуляти центром міста. О п'ятій вечора буде концерт на площі Конституції. Я хочу подивитися.

С.: А хто виступатиме?

Т.: Українські оперні та естрадні співаки. Має бути цікаво.

С.: Гаразд, домовилися.

Київ. Парад
Kyiv. Parade

Tamila: What are your plans for Independence Day?

Serhiy: I haven't thought about it yet. And yours?

T.: I'd like to go to Khreshchatyk to watch the parade. There will be a lot of military and equipment this year.

S.: Interesting. What time does it start?

T.: At nine a.m. But we need to come earlier.

S.: Good. What will we do after the parade?

T.: We can walk downtown. At five p.m. there will be a concert at Constitution Square. I want to see it.

S.: And who will perform?

T.: Ukrainian opera and pop singers. It must be interesting.

S.: Okay, agreed.

Які плани? - What plans?	військовий - military	центром міста - downtown
ще - yet	техніка - equipment	концерт - concert
думати - think	цікаво - interesting	площа - square
Я хочу піти. - I'd like to go.	О котрій…? - What time…?	виступати - perform
Хрещатик - Khreshchatyk	треба - need	оперний - opera
подивитися - watch	прийти - come	естрадний співак - pop singer
парад - parade	раніше - earlier	гаразд - okay
цього року - this year	можемо - we can	домовилися - agreed
багато - a lot of	погуляти - walk	

Час грама́тики.
Grammar time

Знахідний відмінок іменників 2.
Accusative case in nouns 2

In masculine and neuter inanimate nouns, the Accusative case is the same as the Nominative:

Називний (Nominative): Це стіл/вікно́.

Знахідний (Accusative): Я бачу стіл/вікно́.

In feminine inanimate nouns, we add the endings -у/-ю:

Називний (Nominative): *Це су́мка/ву́лиця.*

Знахідний (Accusative): *Я бачу су́мку/ву́лицю.*

Let's see the endings in accusative case for inanimate nouns:

Чоловічий рід (masculine)	Жіночий рід (feminine)	Середній рід (neuter)
- (телефо́н)	-у (газе́ту)	-о (село́)
- (день)	-ю (олі́ю)	-е (мо́ре)

Let's practice! Write the nouns in accusative (animate and inanimate nouns):

ло́жка (spoon) - ло́жку
учи́тель (teacher) - _____
добро́ (kindness) - _____
земля́ (land) - _____
заво́д (plant) - _____

студе́нт (student) - _____
ягня́ (lamb) - _____
кома́р (mosquito) - _____
ба́тько (father)- _____
вода́ (water) - _____

The key:
ло́жка (spoon) - ло́жку
учи́тель (teacher) - учи́теля
добро́ (kindness) - добро́
земля́ (land) - зе́млю
заво́д (plant) - заво́д

студе́нт (student) - студе́нта
ягня́ (lamb) - ягня́
кома́р (mosquito) - комара́
ба́тько (father)- ба́тька
вода́ (water) - во́ду

УРОК 9

Пирогів. Музей народної архітектури та побуту
Pyrohiv. Museum of Folk Architecture and Ethnography

ТРАДИЦІЇ
TRADITIONS

ПИСАНКА

94

Українська ха́та.
A Ukrainian house

Audio 9.1. Listen, read and translate

Ха́та була́ си́мволом всесвіту для украї́нців. Сте́ля відобра́жала не́бо, сті́ни – суча́сне життя́, а підло́га – підзе́мний світ.

Khata (the house) was a symbol of the universe for Ukrainians. The ceiling meant the sky, the walls were the present life, and the floor meant the underworld.

Мі́сце для ха́ти обира́ли ду́же рете́льно, щоб життя́ в ній було́ щасли́вим. Хати́ були́ гли́няними або́ дерев'я́ними. Дах був вкри́тий соло́мою. У ха́ті ча́сто була́ одна́ кімна́та, сі́ни та комо́ра. У кутку́ знахо́дилася піч.

Сергій Васильківський "Козацький двір".

Serhii Vasylkivsky "The Cossack's yard"

The place for the house was chosen very carefully so that life was happy there. The houses were made of clay or wood. The roof was covered with straw. The house often had one room, a hayloft and a pantry. There was a stove in the corner.

З ме́блів було́ лі́жко, поли́ця для по́суду (ми́сник), стіл під іко́нами (покуття) та ла́ва (ослі́н). У ха́ті обов'язко́во була́ скри́ня - вели́кий дерев'я́ний я́щик для о́дягу. Ха́ту прикраша́ли кві́тами та рушника́ми.

From the furniture there was a bed, a shelf for dishes (mysnyk), a table under the icons (pokutya) and a bench (oslin). The house always had a skrynia, a large wooden box for clothes. The house was decorated with flowers and rushnyky (embroidered towels).

си́мвол - symbol	мі́сце - place	кімна́та - room	стіл - table
всесвіт - universe	обира́ти - choose	сі́ни - hayloft	під - under
сте́ля - ceiling	рете́льно - carefully	комо́ра - pantry	іко́на - icon
відобра́жати - mean	щасли́вий - happy	у кутку́ - in the corner	ла́ва - bench
не́бо - sky	гли́няний - clay	знахо́дитися - be	обов'язко́во - always
стіна́ - wall	дерев'я́ний - wooden	піч - stove	вели́кий - big
суча́сний - present	дах - roof	ме́блі - furniture	я́щик - box
життя́ - life	вкри́тий - covered	лі́жко - bed	о́дягу - clothes
підло́га - floor	соло́ма - straw	поли́ця - shelf	прикраша́ти - decorate
підзе́мний світ - underworld	ча́сто - often	по́суд - dishes	кві́ти - flowers

Посуд. Tableware

Audio 9.2. Listen, read and translate

У ха́ті право́руч від двере́й знахо́дився ми́сник. Це була́ поли́ця або ша́фа для по́суду. Тут стоя́ли миски́, го́рщики, чарки́, черпаки́ та і́нше кухо́нне начи́ння.

In the house, there was a mysnyk to the right of the door. It was a shelf or cupboard for dishes. There were bowls, pots, glasses, ladles and other kitchen utensils.

Украї́нці роби́ли по́суд із гли́ни, що ідеа́льно підхо́див для зберіга́ння проду́ктів. Особли́во популя́рними були́ го́рщики. У них вари́ли супи́ та ка́ші, запіка́ли о́вочі та м'я́со, кип'яти́ли во́ду, зберіга́ли бо́рошно та кру́пи.

Ukrainians made pots and dishes from clay, which were ideal for storing food. Pots were especially popular. They cooked soups and porridges, baked vegetables and meat, boiled water, and stored flour and cereals there.

З де́рева виготовля́ли ло́жки, важли́ве кухо́нне начи́ння. Ко́жен член роди́ни мав вла́сну ло́жку. Ло́жки для чоловікі́в, жіно́к та діте́й відрізня́лися за ро́змірами.

Дерев'яна ложка. A wooden spoon

Spoons, essential tableware, were made from wood. Each family member had their own spoon. Spoons for men, women and children were different in size.

хата - house
право́руч - to the right
две́рі - door
знахо́дитися - be
поли́ця - shelf
ша́фа - cupboard
по́суд - dishes
стоя́ти - stand
ми́ска - bowl
го́рщик - pot
ча́рка - glass
черпа́к - ladle
кухо́нне начи́ння - tableware
роби́ти - make

гли́на - clay
ідеа́льно підхо́дити - be ideal
зберіга́ння - storing
проду́кти - food
особли́во - especially
популя́рний - popular
вари́ти - cook
суп - soup
ка́ша - porridge
запіка́ти - bake
о́вочі - vegetables
м'я́со - meat
кип'яти́ти - boil

во́да - water
зберіга́ти - store
бо́рошно - flour
кру́пи - cereals
де́рево - wood
виготовля́ти - make
ло́жка - spoon
важли́вий - important
ко́жен - each
член роди́ни - family member
вла́сний - own
відрізня́тися - be different
за ро́змірами - in size

Глиняний горщик. A clay pot

ЩО ЦІКА́ВОГО?
WHAT'S INTERESTING?
Audio 9.3. Listen, read and translate

Украї́нський рушни́к символізу́є духо́вну красу́ люди́ни. Виготовля́ють його́ з лляно́го чи конопля́ного полотна́ й оздо́блюють ви́шивкою. Украї́нці до́сі прикраша́ють рушника́ми своє́ житло́. Це важли́вий елеме́нт життя́ люди́ни від наро́дження до сме́рті.

A Ukrainian rushnyk symbolizes the spiritual beauty of a person. It is made of linen or hemp cloth and decorated with embroidery. Ukrainians still decorate their homes with a rushnyk. It is an important element of life, from birth to death.

Існу́є бага́то ви́дів рушникі́в. Божнико́м прикраша́ли іко́ни. Плечови́й рушни́к пов'язували на весі́ллі. У пода́рковий рушни́к загорта́ли подару́нки. У по́буті украї́нці використо́вували утира́ч - рушни́к для рук та сти́рок - для витира́ння по́суду.

There are many types of rushnyk. Icons were decorated with a Bozhnyk. A shoulder rushnyk was used at the wedding. Presents were wrapped in a gift rushnyk. In everyday life, Ukrainians used utyrach, a hand towel, and styrok to wipe dishes.

Рушник. Rushnyk

Дерев'яними ло́жками украї́нці заче́рпували ї́жу з ґо́рщика на столі́. Ко́жен член родини́ набирав ́по́рцію ло́жкою, а поті́м їв з не́ї. З цим начи́нням було́ пов'язано чима́ло повір'їв. Напри́клад, не мо́жна було́ кла́сти на стіл за́йву ло́жку. Так на́ші пре́дки захища́лися від злих ду́хів.

Ukrainians used wooden spoons to scoop the food from a pot on the table. Each family member took the portion with a spoon and then ate from it. Many beliefs were associated with this tableware. For example, you couldn't put an extra spoon on the table. In such a way our ancestors protected themselves from evil spirits.

Ло́жки використо́вували в наро́дній медици́ні та багатьо́х обря́дах. На́віть сього́дні на весі́ллі зв'я́зують ло́жки наре́ченого та наре́ченої, щоб вони́ були́ пов'язані на все життя́.

Spoons were used in traditional medicine and many rituals. Even today, at the weddings, the spoons of the bride and groom are being tied so that they become connected for life.

Audio 9.4. Listen, read and translate

Саманта: Музей під відкритим небом – чудова ідея, як гадаєш?

Тесс: Так, я стільки чула про музей у Пирогові. Нарешті ми тут.

С.: Добре. Звідки почнемо?

Т.: Думаю, з експозиції "Наддніпрянщина".

С.: А що це?

Т.: Це історична назва регіону України. Також тут є Поділля, Полісся, Карпати, Південна Україна, Полтавщина та Слобожанщина.

С.: І тут є хати з усіх цих регіонів?

Т.: Авжеж, і не тільки хати: тут є цілі вулиці. Церква, школа, шинок.

С.: А що таке шинок?

Т.: Так називали місце, де продавали спиртні напої. Як сьогоднішній бар.

С: Як цікаво! Ходімо швидше! Я хочу все це побачити.

Samantha: The open-air museum is a great idea, don't you think?
Tess: Yes, I've heard so much about the museum in Pirogov. Finally we are here.
S.: Great. Where do we start?
T.: I think from the exhibition "Naddnipryanshchyna".
S.: And what is it?
T.: This is a historical name of the Ukrainian region. There are also Podillia, Polissia, the Carpathians, Southern Ukraine, Poltava and Slobozhansky region.
S.: And there are houses from all these regions here?
T.: Of course, and not only houses: there are entire streets here. Church, school, shynok.
S.: And what is a shynok?
T.: That was the name of the place where alcoholic drinks were sold. Like today's bar.
S: It's exciting. Let's go faster.
I want to see it all.

Пивниця (Пирогів). Pyvnytsya (Pyrohiv)

музей під відкритим небом - open-air museum
чудова ідея - great idea
як гадаєш? - don't you think?
Я стільки чула… - I've heard so much…
нарешті - finally
Звідки почнемо? - Where do we start?
думаю - I think
експозиція - exhibition

історична назва - historical name
регіон - region
хата - khata, house
авжеж - of course
не тільки - not only
цілі вулиці - entire streets
церква - church
школа - school
шинок - pub
називати - call

місце - place
продавати - sell
спиртні напої - alcoholic drinks
сьогоднішній - today's
бар - bar
Як цікаво! - It's exciting!
Ходімо швидше! - Let's go faster!
побачити - see

Час граматики. Grammar time
Питання 1. Questions 1

In Ukrainian, we can form general (Yes/No) questions and Special questions.

To make a general question, we change the intonation of the sentence and put a question mark in the end:

Хло́пець хворі́є. – Хло́пець хворі́є? / The boy is ill. – Is the boy ill?

Кни́жка нова́. – Кни́жка нова́? / The book is new. – Is the book new?

We can put the word чи in the beginning of the general question:

Чи хло́пець хворі́є?   Чи кни́жка нова́?

Let's practice. Translate questions into Ukrainian. Use the vocabulary below.

1. Is it interesting in the museum? – У музе́ї ціка́во?
2. Do you like Ukrainian culture? – _____?
3. Is this music beautiful? – _____?
4. Is the art gallery open today? – _____?
5. Is the subway station far away? – _____?
6. Can I take photos here? – _____?
7. Is the theater big? – _____?
8. May I borrow your camera? – _____?

interesting - ціка́во
museum - музе́й
like - подо́батися
culture - культу́ра
music - му́зика
beautiful - га́рний

art gallery - худо́жня галере́я
open - відчи́нений
subway station - ста́нція метро́
far away - дале́ко
take photos - фотографува́ти

here - тут
theater - теа́тр
big - вели́кий
borrow - пози́чити
camera - ка́мера

Криворівня.
Садиба-музей Івана Франка.

Kryvorivnya.
Ivan Franko museum

Косівська кераміка. Kosiv ceramics

The key:
1. Is it interesting in the museum? - У музеї цікаво?
2. Do you like Ukrainian culture? - Вам подобається українська культура?
3. Is this music beautiful? - Ця музика гарна?
4. Is the art gallery open today? - Художня галерея відчинена сьогодні?
5. Is the subway station far away? - Станція метро далеко?
6. Can I take photos here? - Я можу тут фотографувати?
7. Is the theater big? - Театр великий?
8. May I borrow your camera? - Можна позичити твою камеру?

Óдяг. Clothes

Audio 9.5. Listen, read and translate

Українське націона́льне вбрання́ просте́, зручне́, але́ водно́час ду́же га́рне. Селя́ни одяга́лися ду́же про́сто. Основни́м елеме́нтом о́дягу була́ вишива́нка – ви́шита українська сорочка.

Ukrainian national clothes are simple, comfortable, but very beautiful at the same time. Peasants dressed very simply. The main element of clothing was vyshyvanka, an embroidered Ukrainian shirt.

По́ясний о́дяг, що покрива́в ни́жню части́ну ті́ла, був рі́зним для жіно́к та чоловікі́в. Жінки́ носи́ли запа́ску або де́ргу. Це був шмато́к те́мної ткани́ни, яки́й оберта́ли навко́ло ста́ну. Пове́рх ни́жньої соро́чки та запа́ски ча́сто вдяга́ли юпку - прита́лену соро́чку.

The clothing that covered the lower part of the body was different for women and men. Women wore zapaska or derga. It was a piece of dark cloth wrapped around the waist. A yupka, a fitted shirt, was often worn over the undershirt and zapaska.

Український традиці́йнмй одяг.
Ukrainian traditional clothes

По́ясним о́дягом для чоловікі́в були́ широ́кі штани́ – шарова́ри. І жінки́, і чоловіки́ носи́ли яскра́ві ви́шиті пояси́.

Sharovary, wide pants, were the waist clothes for men. Both men and women wore bright, embroidered belts.

Сорочка та безрукавка.
A shirt and a vest

націона́льний - national
вбрання́ - clothes
прости́й - simple
зручни́й - comfortable
водно́час - at the same time
га́рний - beautiful
селяни́н - peasant
одяга́тися - dress
про́сто - simply
основни́й - main
елеме́нт - element
о́дяг - clothing

ви́шитий - embroidered
соро́чка - shirt
по́ясний о́дяг - clothing for the lower body
покрива́ти - cover
ни́жній - lower
части́на ті́ла - body part
рі́зний - different
носи́ти - wear
шмато́к - piece
те́мний - dark
ткани́на - cloth
оберта́ти - wrap

навко́ло - around
стан - waist
пове́рх - over
ни́жня соро́чка - undershirt
ча́сто - often
вдяга́ти - wear
прита́лений - fitted
широ́кий - wide
штани́ - pants
яскра́вий - bright
по́яс - belt

Украї́нська краса́. Ukrainian beauty

Audio 9.6. Listen, read and translate

У давнину́ украї́нські чоловіки́ стри́глися "під макі́тру". На го́лову чолові́ка надяга́ли макі́тру (гли́няну ми́ску) і обстрига́ли воло́сся навко́ло не́ї.

In old times, Ukrainian men had a "makitra" hairstyle. A makitra (clay bowl) was put on the man's head and the hair around it was cut.

Оселе́дець або чуб – і́нша традиці́йна украї́нська за́чіска. Одне́ до́вге па́смо воло́сся залиша́ли на по́вністю го́леній голові́. Таку́ за́чіску ча́сто носи́ли запоро́зькі козаки́.

Oseledets or chub is another traditional Ukrainian haircut. One long strand of hair was left on a completely shaved head. Zaporozhian Cossacks often wore this hairstyle.

У мину́лому украї́нські чоловіки́ голи́ли бо́роди, проте́ носи́ли ву́са. Це був си́мвол краси́ та націона́льної го́рдості украї́нців.

In the past, Ukrainian men shaved their beards, but wore mustaches. It was a symbol of beauty and national pride of Ukrainians.

Дівча́та заплі́тали коси або́ ходи́ли з розпу́щеним воло́ссям. Го́лову вони́ ча́сто прикраша́ли вінко́м із квіті́в.

Girls braided their hair or wore it loose. They often decorated their heads with vinok, a wreath of flowers.

Козак Мамай. Cossack Mamay

у давнину́ - in old times
стри́гтися - have a hairstyle
голова́ - head
надяга́ти - put on
гли́няний - clay
ми́ска - bowl
обстрига́ти - cut
воло́сся - hair
навко́ло - around
і́нший - another

традиці́йний - traditional
за́чіска - haircut
до́вгий - long
па́смо - strand
залиша́ти - leave
по́вністю - completely
го́лений - shaved
голова́ - head
ча́сто - often

носи́ти - wear
запоро́зький - Zaporozhian
коза́к - Cossack
у мину́лому - in the past
голи́ти - shave
борода́ - beard
проте́ - but
ву́са - mustaches
си́мвол - symbol

націона́льний - national
го́рдість - pride
дівча́та - girls
заплі́тати коси - braid
ходи́ти з розпу́щеним воло́ссям - wear loose hair
ча́сто - often
прикраша́ти - decorate
віно́к - vinok, wreath
кві́ти - flowers

ЩО ЦІКА́ВОГО?
WHAT'S INTERESTING?
Audio 9.7. Listen, read and translate

У мину́лому до́вга ви́шита соро́чка (вишива́нка) була́ основни́м елеме́нтом о́дягу. Її носи́ли і жінки́, і чоловіки́ як повсякде́нний та святко́вий о́дяг. Соро́чку роби́ли з бі́лого полотна́ та прикраша́ли візеру́нками.

In the past, a long embroidered shirt (vyshyvanka) was the main element of clothing. It was worn by men and women as everyday and holiday clothing. The shirt was made of white cloth and decorated with ornaments.

Для ко́жної люди́ни ство́рювали особли́ву вишива́нку. Малю́нки місти́ли інформа́цію про вік, сім'ю́ та заня́ття вла́сника. Для ко́жного регіо́ну Украї́ни власти́ві уніка́льні особли́вості ви́шивки.

A special vyshyvanka was created for each person. The designs had information about the owner's age, family and occupation. Each region of Ukraine has its unique embroidery features.

Жителі Полісся.
Ukrainians of Polissya

Сього́дні вишива́нка є для украї́нців святко́вим о́дягом, си́мволом націона́льної іденти́чності. Щоро́ку у тра́вні ми відзнача́ємо Всесві́тній день вишива́нки.

Today, vyshyvanka is holiday clothing for Ukrainians, a symbol of national identity. Every year in May, we celebrate World Vyshyvanka Day.

В Украї́ні плели́ вінки́ з да́вніх-даве́н. Для украї́нських дівча́т віно́к був традиці́йною прикра́сою, яку роби́ли з ли́стя, гіло́к та кві́тів. У вінки́ впліта́ли живі́ кві́ти: ма́ки, чорнобри́вці, воло́шки. Тако́ж прив'я́зували різнокольоро́ві стрі́чки. Це був си́мвол діво́чої краси́.

Vinok, a wreath, has been woven in Ukraine since ancient times. For Ukrainian girls, vinok was a traditional decoration made of leaves, branches and flowers. Fresh flowers were woven into vinok, such as poppies, marigolds and cornflowers. They also tied colorful ribbons. Vinok was a symbol of the girl's beauty.

Вінки́ були́ важли́вим елеме́нтом наро́дних обря́дів, зокрема́, на свя́то Іва́на Купа́ла. У цей день дівча́та плели́ вінки́ й кида́ли їх у во́ду. Так вони́ ворожи́ли на свою́ до́лю.

Vinok was an important element of folk rituals, in particular, during the Ivan Kupala festival. On this day, girls weaved wreaths and threw them into the water. In such a way they tried to guess their fate.

На весі́ллі віно́к завжди́ був головно́ю окра́сою нарече́ної. Сього́дні віно́к став си́мволом Украї́ни та украї́нського наро́ду.

At a wedding, vinok was always the bride's main accessory. Today, vinok has become a symbol of Ukraine and the Ukrainian people.

Audio 9.8. Listen, read and translate

Лари́са: У цей четве́р бу́де День вишива́нки.

Оле́г: Спра́вді? Авже́ж, це тре́тій четве́р у тра́вні!

Л.: Цього́ ро́ку бу́де ціка́ве святкува́ння.

О.: Невже́? А що бу́де?

Л.: На Пошто́вій пло́щі плану́ється по́каз вишива́нок.

О.: По́каз? Що ти ма́єш на ува́зі?

Л.: Украї́нські зірки́ бу́дуть пока́зувати дизайнерські вишива́нки.

О.: А конце́рт бу́де?

Л.: Зві́сно. Мо́жемо теж подиви́тися.

О.: Можли́во. А які́ ще бу́дуть за́ходи?

Л.: У це́нтрі відкри́ється ви́ставка вишива́нок. Там бу́дуть старови́нні вишива́нки, рушники́ та бага́то і́ншого.

О.: Це спра́вді ціка́во. Ході́мо на ви́ставку!

Larisa: This Thursday is Vyshyvanka Day.

Oleg: Indeed? Sure, it's the third Thursday in May!

L.: This year will be an interesting celebration.

O.: Really? And what will happen?

L.: There will be the Vyshyvanka show on Poshtova Square.

O.: A show? What do you mean?

L.: Ukrainian stars will show designer vyshyvanka.

O.: Will there be a concert?

L.: Sure. We can also see it.

A.: Maybe. And other events?

L.: The Vyshyvanka exhibition will open in the center of the city. There will be vintage vyshyvanka, rushnyk and much more.

O.: Oh, that's really interesting. Let's go to the exhibition!

четве́р - Thursday
Спра́вді? - Indeed?
авже́ж - sure
тра́вень - May
цього́ ро́ку - this year
ціка́вий - interesting
святкува́ння - celebration
Невже́? - Really?
пло́ща - square
плану́ється - there will be

по́каз - show
Що ти ма́єш на ува́зі? - What do you mean?
зірка - star
пока́зувати - show
дизайнерський - designer
конце́рт - concert
зві́сно - sure
мо́жемо - we can

подиви́тися - see
можли́во - maybe
за́хід - event
у це́нтрі - in the centre
відкри́тися - open
ви́ставка - exhibition
старови́нний - vintage
спра́вді - really
ході́мо - let's go

Час граматики. Grammar time
Питання 2. Questions 2

Special questions in Ukrainian start with a question pronoun:

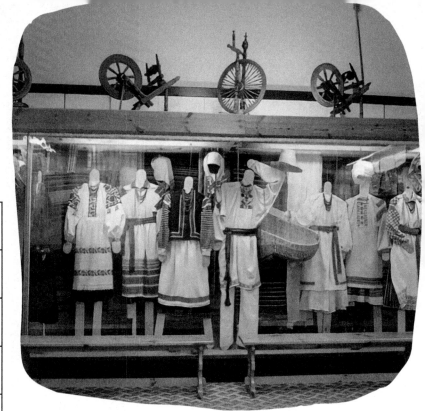

Хто? Who?	Хто це? Who is it?
Що? What?	Що трáпилося? What has happened?
Де? Where?	Де він? Where is he?
Коли? When?	Колѝ свя́то? When is a holiday?
Чому? Why?	Чому́ вона́ пішла́? Why has she left?
Як? How?	Як ти? How are you?

**Рівненський обласний краєзнавчий музей.
Rivne Regional Museum**

Let's practice. Translate questions into Ukrainian. Use the vocabulary below.

1. Where is the History Museum? – Де Музéй істóрії?
2. How can I get there? – _____?
3. When is Easter this year? – _____ ?
4. What is on the left? – _____?
5. Who will come with us? – _____?
6. Why is it closed here? – _____?
7. When are we going on the trip? – _____ ?
8. Where is the subway station? – _____?

History Museum - Музéй істóрії
get - дістáтися
Easter - Велѝкдень
this year - у цьóму рóці
on the left - злíва
come - пітѝ
closed - зачѝнено
trip - екску́рсія
subway station - стáнція метрó

The key:
1. Where is the History Museum? - Де Музéй історії?
2. How can I get there? - Як я можу туди дістатися?
3. When is Easter this year? - Коли Великдень у цьому році?
4. What is on the left? - Що зліва?
5. Who will come with us? - Хто піде з нами?
6. Why is it closed here? - Чому тут зачинено?
7. When are we going on the trip? - Коли ми їдемо на екскурсію?
8. Where is the subway station? - Де станція метро?

УРОК 10

Страви української кухні. Ukrainian meals

КУХНЯ
CUISINE

ПИСАНКА

Борщ. Borscht

Audio 10.1. Listen, read and translate

Ця пéрша стрáва з бурякíв, капýсти та картóплі стáла візíтною кáрткою Украïни. Крім цьóго, вам знадобля́ться м'я́со, мóрква, томáти, сáло, часни́к, цибýля, зéлень, сіль та пéрець.

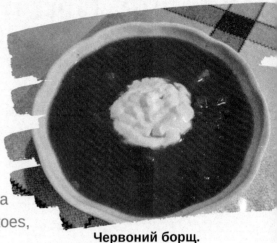

This first course made of beets, cabbage and potatoes became a symbol of Ukraine. Moreover, you will need meat, carrots, tomatoes, lard, garlic, onions, greens, salt and pepper.

**Червоний борщ.
Red borscht**

Спочáтку приготýйте бульйóн із м'я́са: свини́ни, я́ловичини або кýрки. Óвочі порíжте та потушкýйте, додáйте до бульйóну. Покладíть спéції, картóплю та капýсту. Це найпростíший рецéпт червóного борщý, відóмого на цíлий світ.

First, cook the meat broth from pork, beef or chicken. Slice and stew the vegetables, and add them to the broth. Add spices, potatoes and cabbage. This is the simplest recipe for red borscht, known all over the world.

**Зелений борщ.
Green borscht**

У кóжному регіóні борщ готýють по-рíзному. Особли́во смачни́й борщ із сáлом, часникóм та пампýшками – невели́кими крýглими бýлочками.

In every region, borscht is cooked differently. Borscht is especially tasty with lard, garlic and pampushka, small round buns.

пéрша стрáва - the first course
буря́к - beets
капýста - cabbage
картóпля - potato
візíтна кáртка - symbol
крім цьóго - moreover
знадóбитися - need
м'я́со - meat
мóрква - carrots
томáти - tomatoes
сáло - lard
часни́к - garlic
цибýля - onion
зéлень - greens

сіль - salt
пéрець - pepper
спочáтку - first
приготýйте - cook
бульйóн - broth
свини́на - pork
я́ловичина - beef
кýрка - chicken
óвочі - vegetables
порíжте - slice
потушкýйте - stew
додáйте - add
покладíть - put, add
спéції - spices

найпростíший - the simplest
рецéпт - recipe
червóний борщ - red borscht
відóмий - famous
на цíлий світ - all over the world
кóжний - every
регіóн - region
по-рíзному - differently
особли́во - especially
смачни́й - tasty
невели́кий - small
крýглий - round
бýлочка - bun

**Великодній борщ.
Easter borscht**

Деруни́. Deruny

Audio 10.2. Listen, read and translate

Деруна́ми назива́ють млинці́ з те́ртої карто́плі. Ця страва особли́во популя́рна в півні́чних та за́хідних регіо́нах Украї́ни.

Pancakes made of grated potatoes are called deruny. This meal is especially popular in the northern and western regions of Ukraine.

Реце́пт деруні́в ду́же прости́й. Вам знадобля́ться п'ять вели́ких картопли́н, одна́ цибули́на, одне́ яйце́, одна́ столо́ва ло́жка бо́рошна, сіль та пе́рець.

The recipe for deruny is very simple. You will need five large potatoes, one onion, one egg, one tablespoon of flour, salt and pepper.

Деруни. Deruny

Приготува́ння деруні́в розпочина́ється з тертя́ карто́плі. По́тім дода́йте цибу́лю, яйце́, бо́рошно, сіль та пе́рець. До́бре переміша́йте картопля́ну ма́су та покладі́ть млинці́ на сковорі́дку. Найкра́ще смаку́ють деруни́ зі смета́ною.

Cooking deruny starts with grating potatoes. Then add onion, egg, flour, salt and pepper. Mix the potato mass well and put the pancakes on the frying pan. Deruny taste best with sour cream.

Коростень. Пам'ятник деруну.
Korosten. The Monument to Derun

назива́ти - call
млинці́ - pancakes
те́ртий - grated
карто́пля - potatoes
стра́ва - meal
особли́во - especially
популя́рний - popular
півні́чний - northern
за́хідний - western
регіо́н - region
реце́пт - recipe
ду́же прости́й - very simple

знадоби́тися - need
вели́кий - large
картопли́на - potato
цибули́на - onion
яйце́ - egg
столо́ва ло́жка - tablespoon
бо́рошно - flour
сіль - salt
пе́рець - pepper
приготува́ння - cooking
розпочина́тися - start

тертя́ - grating
по́тім - then
дода́йте - add
до́бре - well
переміша́йте - mix
ма́са - mass
покладі́ть - put
сковорі́дка - frying pan
найкра́ще - best
смакува́ти - taste
смета́на - sour cream

ЩО ЦІКА́ВОГО?
WHAT'S INTERESTING?

Audio 10.3. Listen, read and translate

Са́ло ста́ло для украї́нців ще одни́м си́мволом націона́льної іденти́чності. На на́ших зе́млях цей проду́кт полюбля́ли ще за часі́в Ки́ївської Русі́.

Salo (lard) has become another symbol of national identity for Ukrainians. In our lands, this product was loved at the times of Kyivan Rus.

В Украї́ні са́ло найчасті́ше со́лять або зберіга́ють сири́м. Са́ло з часнико́м є найпопуля́рнішою припра́вою для борщу́. Украї́нці їдя́ть са́ло сири́м, сма́жать, ва́рять та запіка́ють.

In Ukraine, salo is most often salted or kept raw. Salo with garlic is the most popular seasoning for borscht. Ukrainians eat lard raw, fried, boiled and baked.

У да́льню доро́гу мандрівни́к брав із собо́ю шмато́к хлі́ба та са́ла, щоб підтри́мати си́ли. Запе́чене са́ло є важли́вою стра́вою на святко́вому столі́, зокрема́, на Вели́кдень.

On a long journey, the traveler took a piece of bread and lard with him to sustain his strength. Baked lard is an important dish on the holiday table, especially on Easter.

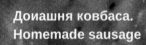

Домашня ковбаса.
Homemade sausage

Ще одніє́ю важли́вою украї́нською стра́вою ста́ла дома́шня ковбаса́. Ши́нку, са́ло та ковбасу́ кла́ли до велико́днього ко́шика та освя́чували в це́ркві. А́дже для украї́нців са́ло та ковба́си завжди́ були́ си́мволом щасли́вого життя́.

Homemade sausage became another important Ukrainian meal. Ham, lard and sausage were put into the Easter basket and blessed in the church. For Ukrainians, lard and sausages have always been a symbol of a happy life.

Як пра́вило, дома́шню ковбасу́ готува́ли зі свини́ни. Ковба́си засма́жували в гаря́чій печі́, склада́ли в гли́няні го́рщики та ста́вили в прохоло́дне мі́сце. На За́хідній Украї́ні дома́шні ковба́си не лише́ сма́жили, але́ й копти́ли.

As a rule, homemade sausage was made from pork. Sausages were roasted in a hot oven, put in clay pots and kept in a cool place. In Western Ukraine, homemade sausages were not only fried, but also smoked.

Audio 10.4. Listen, read and translate

Те́ррі: Що замовля́тимемо?

А́лан: Обо́жнюю борщ, я завжди́ його́ кушту́ю.

Т.: До́бре. Я замо́влю зеле́ний борщ. Хо́чеш спро́бувати?

А.: А з чо́го його́ готу́ють?

Т.: Тут напи́сано: свини́на, щаве́ль, ва́рене яйце́, карто́пля, спе́ції.

А.: Непога́но. Дава́й спро́буємо. А що на дру́ге?

Т.: Я люблю́ карто́плю по-селя́нськи та котле́ту по-ки́ївськи.

А.: А мені́ ціка́во скуштува́ти деруни́. Це картопля́ні млинці́ зі смета́ною.

Т.: Що пи́тимемо?

А.: Зві́сно, узва́р.

Т.: Чудо́во.

Terry: What shall we order?

Alan: I love borscht. I always taste it.

T.: Ok. I will order green borscht. Would you like to try it?

A.: And what is it made of?

T.: It says: pork, sorrel, boiled egg, potatoes, spices.

A.: Not bad. Let's try. And what about the main dish?

T.: I like Potatoes Selyanski and Chicken Kyiv.

A.: And I'd like to try deruny. These are potato pancakes with sour cream.

T.: What shall we drink?

A.: Of course, Uzvar.

T.: Great.

замовля́ти - order
обо́жнювати - love
кушту́ва́ти - taste
зеле́ний борщ - green borscht
спро́бувати - try
готува́ти - cook
Тут напи́сано. - It says.
свини́на - pork
щаве́ль - sorrel
ва́рений - boiled
яйце́ - egg
карто́пля - potatoes
спе́ції - spices

непога́но - not bad
Дава́й спро́буємо. - Let's try.
дру́ге - the main course
котле́та по-ки́ївськи - Chicken Kyiv
Мені́ ціка́во скуштува́ти. - I'd like to try.
картопля́ний - potato
млинці́ - pancakes
смета́на - sour cream
пи́ти - drink
зві́сно - of course
узва́р - uzvar
чудо́во - wonderful

Час граматики. Grammar time

Прийменники 1. Prepositions 1

In Ukrainian language, prepositions help to connect words in sentences:

Ходімо в ресторан! – Let's go to the restaurant!

Борщ у каструлі. – The borscht is in the pot.

Діти в школі. – The children are at school.

Note: the Ukrainian preposition **у** is used between consonants:

Її чоловік у лікарні. – Her husband is at the hospital.

Він прилетить у суботу. – He will come on Saturday.

Note: the preposition **в** is used between vowels or after vowels in front of the consonant:

Марія була в Україні. – Maria has been to Ukraine.

Дівчинка в кімнаті. – The girl is in the room.

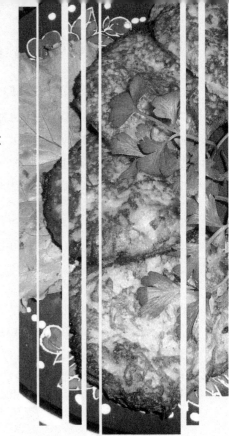

Деруни. Deruny

Let's practice. Choose the correct preposition and translate into English:

1. Хлопець читав у/в саду. – The boy was reading in the garden.
2. Оксана зайшла у/в метро. – _____.
3. Вовк живе у/в лісі. – _____.
4. Батько у/в хаті. – _____.
5. Вони зустрілися у/в Києві. – _____.
6. Усі зараз у/в церкві. – _____.
7. Ходімо завтра у/в музей! – _____!
8. Мама купила продукти у/в магазині. – _____.

хлопець - boy
читати - read
сад - garden
зайти - come in
метро - subway (station)
вовк - wolf
жити - live
ліс - forest
батько - father
хата - khata, house

зустрітися - meet
усі - everyone
зараз - now
церква - church
ходімо - let's go
завтра - tomorrow
музей - museum
купити - buy
продукти - groceries
магазин - store

The key:
1. Хлопець читав у саду. - The boy was reading in the garden.
2. Оксана зайшла в метро. - Oksana has come to the subway station.
3. Вовк живе в лісі. - The wolf lives in the forest.
4. Батько в хаті. - Father is in the house.
5. Вони зустрілися в Києві. - They met in Kyiv.
6. Усі зараз у церкві. - Everyone is in the church now.
7. Ходімо завтра в музей! - Let's go to the museum tomorrow!
8. Мама купила продукти в магазині. - Mother bought groceries in the store.

Українська піч.
The Ukrainian stove

Сирники. Syrnyky
Audio 10.5. Listen, read and translate

Цю традиційну українську страву готують із домашнього сиру, борошна, яєць та цукру. Для смаку можна додати ванілін. Сир потрібно розім'яти виделкою. Потім додати яйце, цукор і все перемішати. Можна також взяти родзинки або курагу.

This traditional Ukrainian meal is cooked with cottage cheese, flour, eggs and sugar. You can add some vanilla for taste. You need to mash the cheese with a fork. Then add egg, sugar and mix everything. You can also put some raisins or dried apricots.

Сирники. Syrnyky

Тісто повинно добре тримати форму. З сирної маси формують кульки, які кладуть на сковорідку. Смажать сирники на олії або вершковому маслі. Найкраще сирники смакують із варенням, медом та сметаною.

The dough should hold its shape well. The curd mass is formed into balls, which are placed on a frying pan. Syrnyky are fried in oil or butter. Syrnyky taste best with jam, honey and sour cream.

В Україні існує безліч варіантів сирників: класичні, солоні, ягідні та навіть шоколадні. Зокрема, дуже популярні львівські сирники, вкриті шоколадною глазур'ю.

In Ukraine, there are many versions of syrnyky: classic, salty, berry and even chocolate. In particular, Lviv syrnyk covered with chocolate icing is very popular.

традиційний - traditional
страва - meal
домашній сир - cottage cheese
борошно - flour
яйце - egg
цукор - sugar
для смаку - for taste
додати - put
ванілін - vanilla
потрібно - need
розім'яти - mash
виделка - fork
перемішати - mix
родзинки - raisins

курага - dried apricots
тісто - dough
тримати форму - hold the shape
сирна маса - curd mass
формувати - form
кулька - ball
сковорідка - frying pan
смажити - fry
олія - oil
вершкове масло - butter
найкраще - best
смакувати - taste
варення - jam

мед - honey
сметана - sour cream
існує - there are
безліч - many
варіант - version
класичний - classic
солоний - salty
ягідний - berry
шоколадний - chocolate
зокрема - in particular
популярний - popular
вкритий - covered
шоколадна глазур - chocolate icing

Сирники. Syrnyky

Варе́ники. Varenyky

Audio 10.6. Listen, read and translate

Варе́ник є си́мволом украї́нської ку́хні. Це стра́ва з відва́реного тіста з різноманітною начи́нкою. В Украї́ні популя́рні варе́ники з карто́плею, гриба́ми, м'я́сом, си́ром, рі́зними овоча́ми та фру́ктами.

Varenyk is a symbol of Ukrainian cuisine. This meal is made from boiled dough with various fillings. Varenyky with potatoes, mushrooms, meat, cheese, different vegetables and fruits are popular in Ukraine.

Щоб замі́сити ті́сто, потрі́бна вода́, яйце́, сіль та бо́рошно. Якщо́ варе́ники з карто́плею, її тре́ба споча́тку відвари́ти. Тако́ж обсма́жте цибу́лю. Гаря́чу карто́плю потрі́бно розім'я́ти, дода́ти сма́жену цибу́лю та спе́ції.

Вареники з картоплею.
Varenyky (with popatoes)

To knead the dough, you need some water, an egg, salt and flour. If varenyky are made with potatoes, it should be boiled first. Also fry the onion. Mash hot potatoes, add fried onions and spices. We form the dough into "cakes" and put the filling there. Cook varenyky in boiling water for five minutes until they float. They taste especially good with sour cream.

З ті́ста лі́пимо "ко́ржики" та кладемо́ туди́ начи́нку. Варе́ники готу́ємо в кипля́чій воді́ п'ять хвили́н, по́ки вони́ не спливу́ть. Особли́во до́бре вони́ смаку́ють зі смета́ною.

We form the dough into "cakes" and put the filling there. Cook varenyky in boiling water for five minutes until they float. They taste especially good with sour cream.

си́мвол - symbol
стра́ва - meal
відва́рений - boiled
ті́сто - dough
різномані́тний - various
начи́нка - filling
популя́рний - popular
карто́пля - potato
гриби́ - mushrooms
м'я́со - meat
сир - cheese
рі́зний - different
о́вочі - vegetables
фру́кти - fruits

замі́сити ті́сто - knead the dough
потрі́бно - you need
вода́ - water
яйце́ - egg
сіль - salt
бо́рошно - flour
якщо́ - if
тре́ба - should
споча́тку - first
відвари́ти - boil
обсма́жити - fry
цибу́ля - onion
гаря́чий - hot
розім'я́ти - mash

дода́ти - add
сма́жений - fried
спе́ції - spices
лі́пити - form
ко́ржики - cakes
кла́сти - put
готува́ти - cook
кипля́чий - boiling
по́ки - until
спливти́ - float
особли́во - especially
до́бре смаку́ють - taste good
смета́на - sour cream

Вареники з вишнею.
Varenyky (with cherries)

Сло́во "узва́р" похо́дить від дієсло́ва "вари́ти". Це солодкий український напі́й, яки́й готу́ють із суше́них фру́ктів, насáмперед, я́блук. Крім то́го, до узва́ру додаю́ть суше́ні ви́шні, сли́ви, гру́ші та родзи́нки.

The word "uzvar" comes from the verb "boil". This sweet Ukrainian drink is made from dried fruits, primarily apples. Dried cherries, plums, pears and raisins are also added to uzvar.

Сухофру́кти потрі́бно до́бре проми́ти та зали́ти водо́ю на де́сять хвили́н. Пі́сля цьо́го сухофру́кти тре́ба помісти́ти у вели́ку кастру́лю, нали́ти во́ду та вари́ти на повільному вогні́ про́тягом тридцяти́ хвили́н. Узва́ру даю́ть охоло́нути та настоя́тися. Для смаку́ в напі́й мо́жна дода́ти ме́ду.

Dried fruits are washed well and stay covered with water for ten minutes. After that, place the fruits in a large saucepan, pour water and cook over low heat for thirty minutes. Let uzvar cool and infuse. You can add some honey to the drink for taste.

Узвар. Uzvar

Ря́жанка - улю́блений моло́чний напі́й украї́нців. Щоб приготува́ти ря́жанку, молоко́ потрі́бно довести́ до кипі́ння та помісти́ти в піч (духо́вку) на шістдеся́т - дев'яно́сто хвили́н. Пря́жене молоко́ ма́є золоти́стий відті́нок.

Ryazanka is a favorite dairy drink of Ukrainians. To cook ryazhanka, you need to boil the milk and put it in the oven for sixty to ninety minutes. Steamed milk has a golden color.

До охоло́дженого молока́ додаю́ть кі́лька ло́жок смета́ни, накрива́ють та ста́влять у те́пле місце. Че́рез двана́дцять годи́н ря́жанка гото́ва. Найкра́ще вона́ смаку́є з млинця́ми, си́рниками та варе́никами.

Add a few spoonfuls of sour cream to the cooled milk, cover it and put in a warm place. After twelve hours, ryazhanka is ready. It tastes best with pancakes, syrnyky and varenyky.

113

Audio 10.8. Listen, read and translate

Аліса: Ти зна́єш, що за́втра почина́ється Ма́сляниця?

Дже́нні: Ма́сляниця? Ніко́ли не чу́ла. А що це?

А.: Це ти́ждень пе́ред Вели́ким посто́м, що трива́є со́рок днів до Великодня.

Дж.: Со́рок днів тре́ба по́стувати?

А.: На́ші пре́дки так роби́ли. Але́ пе́ред посто́м вони́ святкува́ли Ма́сляницю.

Дж.: Ціка́во.

А.: Авже́ж. У цей ти́ждень вони́ їли бага́то млинці́в та варе́ників з си́ром.

Дж.: О, я люблю́ млинці́ та варе́ники.

А.: Я теж. Пропону́ю на вихідни́х піти́ в центр міста. Там бу́де святкува́ння.

Дж.: А як ви святку́єте Ма́сляницю?

А.: Ми влашто́вуємо наро́дні гуля́ння, зі співами та та́нцями. Але найціка́віше - ми спа́люємо опу́дало, си́мвол зими́.

Дж.: Це чудо́во! Я обов'язко́во хо́чу на це подиви́тися!

Млинці. Pancakes

Alice: Do you know that Butter Week starts tomorrow?

Jenny: Butter Week? Never heard of that. And what is this?

A.: This is the week before Great Lent, which lasts forty days until Easter.

J.: Oh, do you have to fast for forty days?

A.: Our ancestors did so. But before the Fast, they celebrated the Butter Week.

J.: That's interesting.

A.: Sure. They ate lots of pancakes and varenyky with cheese this week.

J.: Oh, I love pancakes and varenyky.

A.: Me too. I suggest going to the city center at the weekend. There will be a celebration.

J.: And how do you celebrate Butter Week?

A.: We arrange festivities, with singing and dancing. But the most interesting thing is that we burn a scarecrow, a symbol of winter.

J.: That's amazing! I definitely want to see it!

Ти зна́єш...? - Do you know...?
за́втра - tomorrow
почина́тися - start
Ма́сляниця - Butter Week
Ніко́ли не чу́ла. - Never heard of that.
ти́ждень - week
Вели́кий піст - Great Lent
трива́ти - last
Вели́кдень - Easter

тре́ба - have to
по́стувати - fast
пре́дки - ancestors
святкува́ти - celebrate
ціка́во - interesting
авже́ж - sure
їсти - eat
млинці́ - pancakes
сир - cheese

Пропону́ю піти́ ... - I suggest going...
на вихідни́х - at the weekend
центр мі́ста - city center
святкува́ння - celebration
святкува́ти - celebrate
влашто́вувати - arrange
наро́дні гуля́ння - festivities
спі́ви - singing

та́нці - dancing
найціка́віше - the most interesting
спа́лювати - burn
опу́дало - scarecrow
си́мвол зими́ - symbol of winter
Це чудо́во! - That's amazing!
обов'язко́во - definitely
подиви́тися - see

Час грама́тики. Grammar time
Прийме́нники 2. Prepositions 2

Ukrainian preposition на is used in different cases.
It often means location or direction.

Марі́я в шко́лі. – Maria is at school (location).

Марі́я зайшла́ в шко́лу. – Maria came to school (direction).

Ма́ма на ку́хні. – Mom is in the kitchen (location).

Ма́ма йде на ку́хню. – Mom is going to the kitchen (direction).

Let's learn some more Ukrainian prepositions:

за	behind	За шко́лою сад. There is a garden behind the school.
перед	in front of	Пе́ред до́мом о́зеро. There is a lake in front of the house.
над	above	Карти́ну пові́сили над дива́ном. They put a picture above the sofa.
під	under	Подару́нки під яли́нкою. The presents are under the Christmas tree.

Let's practice. Translate into Ukrainian:

1. The book is on the table. – Кни́га на столі́.
2. The bread is in the bag. – _____.
3. The car is in front of the house. – _____.
4. Please, put the butter on the table. – _____.
5. The cat is under the chair. – _____.
6. The girl is behind the wall. – _____.
7. There is a photo above the bed. – _____.
8. Please put meat into the oven. – _____.

bread - хліб
bag - су́мка
car - маши́на
house - буди́нок
put - поклади́, поста́в
butter - ма́сло
table - стіл

cat - кіт
chair - стіле́ць
girl - ді́вчинка
wall - стіна́
photo - фо́то
bed - лі́жко
meat - м'я́со
oven - духо́вка

The key
1. The book is on the table. - Кни́га на столі́.
2. The bread is in the bag. - Хліб у су́мці.
3. The car is in front of the house. - Маши́на пе́ред буди́нком.
4. Please, put the butter on the table. - Будь ла́ска, поклади́ ма́сло на стіл.
5. The cat is under the chair. - Кіт під стільце́м.
6. The girl is behind the wall. - Ді́вчинка за стіно́ю.
7. There is a photo above the bed. - Над лі́жком фо́то.
8. Please put meat into the oven. - Будь ла́ска, поста́в м'я́со в духо́вку.

Images

p. 1
Tetianakonoval (https://commons.wikimedia.org/wiki/File:6_етап_"Церква"_Буковинська_писанка.jpg),
https://creativecommons.org/licenses/by-sa/4.0/legalcode
p. 2
President Of Ukraine from Україна
(https://commons.wikimedia.org/wiki/File:Do_everything_you_can_for_us_to_withstand_together_in_this_war_for_our_freedom_and_indepen
dence_-_address_by_President_of_Ukraine_Volodymyr_Zelenskyy._(51977034742)_(cropped).jpg), „Do everything you can for us to
withstand together in this war for our freedom and independence - address by President of Ukraine Volodymyr Zelenskyy. (51977034742)
(cropped)", https:/ /creativecommons.org/publicdomain/zero/1.0/legalcode
Ministry of Defense of Ukraine
(https://commons.wikimedia.org/wiki/File:Польовий_вихід_курсантів_випускного_курсу_факультету_підготовки_спеціалістів_ВДВ_(32957
180640)_(cropped).jpg), „Польовий вихід курсантів випускного курсу факультету підготовки спеціалістів ВДВ (32957180640) (cropped)",
https://creativecommons.org/licenses/by-sa/2.0/legalcode
p. 5
Карина Рудницька(https://www.pexels.com/photo/red-university-building-in-kyiv-ukraine-11964281/)
p. 6
Zephyrka
(https://pixabay.com/images/id-7228042/)
Oleksandr Pidvalnyi (https://www.pexels.com/photo/vehicles-on-road-beside-sea-2787267/)
p. 7
James Hills (https://pixabay.com/photos/kiev-pechersk-lavra-church-kiev-2652571/)
Leonhard_Niederwimmer (https://pixabay.com/photos/kiev-ukraine-to-travel-landmark-3795060/)
p. 8
Jason Lam (https://commons.wikimedia.org/wiki/File:Chicken_Kiev_-_Ukrainian_East_Village_restaurant.jpg), „Chicken Kiev - Ukrainian
East Village restaurant", https://creativecommons.org/licenses/by-sa/2.0/legalcode
https://commons.wikimedia.org/wiki/File:Chicken_Kiev_-_Ukrainian_East_Village_restaurant.jpg
I, Dgri (https://commons.wikimedia.org/wiki/File:Kiev_Pyrogiv_Podillya_070628.jpg), „Kiev Pyrogiv Podillya 070628",
https://creativecommons.org/licenses/by-sa/3.0/legalcode
https://commons.wikimedia.org/wiki/File:Kiev_Pyrogiv_Podillya_070628.jpg
p. 9
Andrea Piacquadio: https://www.pexels.com/photo/closeup-photo-of-woman-with-brown-coat-and-gray-top-733872/
Jeffrey Reed: https://www.pexels.com/photo/man-in-white-and-blue-plaid-dress-shirt-769749/
Nick Grapsy (https://commons.wikimedia.org/wiki/File:Вулиця_Хрещатик_травнева.JPG), https://creativecommons.org/licenses/by-
sa/4.0/legalcode
p. 10
Uğurcan Özmen: https://www.pexels.com/photo/cathedral-of-st-sophia-in-kyiv-ukraine-9532435/
p. 11
Photo by Ira: https://www.pexels.com/photo/white-concrete-building-3971450/
p. 12
Chevanon Photography: https://www.pexels.com/photo/close-up-of-coffee-cup-on-table-312418/
Petar Milošević (https://commons.wikimedia.org/wiki/File:Лвов Галиција.jpg), „Лвов Галиција", https://creativecommons.org/licenses/by-
sa/3.0/legalcode
p. 13
Matheus Ferrero: https://www.pexels.com/photo/woman-wearing-black-top-holding-white-cup-2013701/
Karolina Grabowska: https://www.pexels.com/photo/woman-in-her-pink-suit-holding-a-coffee-7680221/
p. 14
Romankravchuk (https://commons.wikimedia.org/wiki/File:LvivOldTown1.jpg), https://creativecommons.org/licenses/by-sa/4.0/legalcode
p. 15
Printexstar: https://www.pexels.com/photo/clouds-in-the-mountains-landscape-beautiful-nature-background-green-trees-11731838/
Mikhail Nilov: https://www.pexels.com/photo/body-of-water-under-blue-sky-8333085/
p. 16
Marlon Martinez: https://www.pexels.com/photo/river-surrounded-by-trees-1450078/
P. 17
Lisa Fotios: https://www.pexels.com/photo/purple-flowers-1412146/
Pixabay: https://www.pexels.com/photo/bloom-blooming-blossom-blue-531640/
p. 18
Trzewik (https://commons.wikimedia.org/wiki/File:Banusz_(banosz)_w_restauracji-piwowarni_"Kumpel"_we_Lwowie.jpg),
https://creativecommons.org/licenses/by-sa/4.0/legalcode
Daniel Eliashevsky: https://www.pexels.com/photo/green-trees-on-the-mountain-11960529/
p. 19
Brett Sayles: https://www.pexels.com/photo/man-in-grey-crew-neck-t-shirt-1073097/
Daniel Eliashevsky: https://www.pexels.com/photo/green-trees-on-the-mountain-11960544/
Justin Shaifer: https://www.pexels.com/photo/photography-of-a-guy-wearing-green-shirt-1222271/
p. 20
Markus Spiske (https://www.pexels.com/photo/green-pine-trees-under-blue-sky-and-white-clouds-175407/)

p. 21
Andrey Che (https://www.pexels.com/photo/a-scenic-view-of-the-diana-groth-at-sevastopol-9553792/)
p. 22
rompalli harish (https://www.pexels.com/photo/red-crab-2235924/)
Dids (https://www.pexels.com/photo/white-jelly-fish-underwater-photography-2508555/)
p. 23
Ralphs_Fotos
(https://pixabay.com/photos/pelican-water-bird-pink-pelican-3721431/)
DanaTentis:
(https://pixabay.com/photos/sardines-fish-plated-food-food-1489630/)
p. 24
Brynna Spencer: https://www.pexels.com/photo/brown-haired-woman-wearing-burberry-scarf-227294/
Min An: https://www.pexels.com/photo/close-up-photography-of-a-girl-smiling-713312/
p. 25
Pixabay: https://www.pexels.com/photo/cute-dolphine-underwater-64219/
Linda Heyworth: https://www.pexels.com/photo/water-bubbles-2234858/
p. 26
Artem_Apukhtin:
https://pixabay.com/photos/monument-rider-bronze-sculpture-2881023/
p. 27
Klavdy Lebedev artist QS:P170,Q2369257 (https://commons.wikimedia.org/wiki/File:Lebedev_Svyatoslavs_meeting_with_Emperor_John.jpg),
„Lebedev Svyatoslavs meeting with Emperor John", marked as public domain, more details on Wikimedia Commons:
https://commons.wikimedia.org/wiki/Template:PD-old
George Chernilevsky (https://commons.wikimedia.org/wiki/File:Golden_Gate_Kiev_2018_G1.jpg), „Golden Gate Kiev 2018 G1", marked as
public domain, more details on Wikimedia Commons: https://commons.wikimedia.org/wiki/Template:PD-self
p. 28
NBU Русский: Национальный банк Украины (https://commons.wikimedia.org/wiki/File:5_hryvnia_2005_front.jpg), „5 hryvnia 2005 front",
marked as public domain, more details on Wikimedia Commons: https://commons.wikimedia.org/wiki/Template:PD-UA-exempt
p. 29
Dmitriy Ganin: https://www.pexels.com/ru-ru/photo/10806020/
uk:Солнцев Федір Григорович (1801—1892) (https://commons.wikimedia.org/wiki/File:Князь Святослав Ігоровіч.jpg), „Князь Святослав
Ігоровіч", marked as public domain, more details on Wikimedia Commons: https://commons.wikimedia.org/wiki/Template:PD-old
p. 30
anonymous (https://commons.wikimedia.org/wiki/File:Oranta-Kyiv.jpg), „Oranta-Kyiv", marked as public domain, more details on Wikimedia
Commons: https://commons.wikimedia.org/wiki/Template:PD-old
Italo Melo (https://www.pexels.com/ru-ru/photo/2379004/)
Pixabay (https://www.pexels.com/ru-ru/photo/38554/)
p. 31
Unknown authorUnknown author (https://commons.wikimedia.org/wiki/File:OlgaIKiev.jpg), „OlgaIKiev", marked as public domain, more details
on Wikimedia Commons: https://commons.wikimedia.org/wiki/Template:PD-old
Unknown authorUnknown author (https://commons.wikimedia.org/wiki/File:Vladimir_I_the_Great.jpg), „Vladimir I the Great", marked as public
domain, more details on Wikimedia Commons: https://commons.wikimedia.org/wiki/Template:PD-old
p. 32
Unknown authorUnknown author (https://commons.wikimedia.org/wiki/File:Maxim_Zalizniak.jpg), „Maxim Zalizniak", marked as public domain,
more details on Wikimedia Commons: https://commons.wikimedia.org/wiki/Template:PD-old
Vasily Andreevich Tropinin artist QS:P170,Q434561 (https://commons.wikimedia.org/wiki/File:Karmelyuk.JPG), „Karmelyuk", marked as
public domain, more details on Wikimedia Commons: https://commons.wikimedia.org/wiki/Template:PD-old
p. 33
Unknown authorUnknown author (https://commons.wikimedia.org/wiki/File:Hrushevskyi_Mykhailo_XX.jpg), „Hrushevskyi Mykhailo XX",
marked
as public domain, more details on Wikimedia Commons: https://commons.wikimedia.org/wiki/Template:PD-old
Ömer Büyükakten(https://pixabay.com/photos/ukraine-maidan-nezalezhnosti-4086468/)
p. 34
Unknown author
(http://eo.wikipedia.org/wiki/Dosiero:O_Dovb.jpg, marked as public domain, more details on Wikimedia Commons:
https://commons.wikimedia.org/wiki/Template:PD-old
Unknown authorUnknown author
(https://commons.wikimedia.org/wiki/File:1921._Нестор_Махно_в_лагере_для_перемещенных_лиц_в_Румынии.jpg), „1921. Нестор
Махно в лагере для перемещенных лиц в Румынии", marked as public domain, more details on Wikimedia Commons:
https://commons.wikimedia.org/wiki/Template:PD-old
p. 35
Pixabay: https://www.pexels.com/photo/man-smiling-behind-wall-220453/
Spencer Selover: https://www.pexels.com/photo/man-in-white-v-neck-t-shirt-and-black-pants-775358/
Max Vakhtbovych:https://www.pexels.com/photo/motherland-monument-among-green-trees-on-embankment-in-kiev-6143369/
p. 36
Zephyrka: https://pixabay.com/images/id-5202950/
SofieLayla Thal (https://pixabay.com/images/id-2448871/)

p. 37

Taras Shevchenko creator QS:P170,Q134958 (https://commons.wikimedia.org/wiki/File:Taras_Shevchenko_selfportrait_oil_1840_(crop).png „Taras Shevchenko selfportrait oil 1840 (crop)", marked as public domain, more details on Wikimedia Commons: https://commons.wikimedia.org/wiki/Template:PD-old

p. 38

Леонтій Каштелянчук (https://commons.wikimedia.org/wiki/File:Котляревський_I.jpg), „Котляревський I", marked as public domain, more details on Wikimedia Commons: https://commons.wikimedia.org/wiki/Template:PD-old

Ukrposhta (https://commons.wikimedia.org/wiki/File:Stamp_of_Ukraine_s1494.jpg), „Stamp of Ukraine s1494", marked as public domain, more details on Wikimedia Commons: https://commons.wikimedia.org/wiki/Template:PD-UA-exempt

p. 39

Taras Shevchenko artist QS:P170,Q134958 (https://commons.wikimedia.org/wiki/File:Шевченко_Т._Г._Катерина._1842.jpg), „Шевченко Т. Г. Катерина. 1842", marked as public domain, more details on Wikimedia Commons: https://commons.wikimedia.org/wiki/Template:PD-old Taras Shevchenko artist QS:P170,Q134958 (https://commons.wikimedia.org/wiki/File:Shevch_soldat.jpg), „Shevch soldat", marked as public domain, more details on Wikimedia Commons: https://commons.wikimedia.org/wiki/Template:PD-old

p. 40

Heorhii Narbut creator QS:P170,Q2443988 (https://commons.wikimedia.org/wiki/File:Narbut_Eneida.jpg), „Narbut Eneida", marked as public domain, more details on Wikimedia Commons: https://commons.wikimedia.org/wiki/Template:PD-old

Taras Shevchenko artist QS:P170,Q134958 (https://commons.wikimedia.org/wiki/File:Шевченко_Т._Г._(1841)_Циганка-ворожка.jpg), „Шевченко Т. Г. (1841) Циганка-ворожка", marked as public domain, more details on Wikimedia Commons: https://commons.wikimedia.org/wiki/Template:PD-old

p. 41

Marat Assanov (https://commons.wikimedia.org/wiki/File:Бронзовий_бюст.jpg), „Бронзовий бюст", https://creativecommons.org/licenses/by-sa/ 3.0/legalcode

Moose Photos: https://www.pexels.com/ru-ru/photo/1587009/

Vadim Serebrenikov: https://www.pexels.com/ru-ru/photo/5755506/

p. 42

Taras Shevchenko artist QS:P170,Q134958 (https://commons.wikimedia.org/wiki/File:Taras_Shevchenko_painting_0208.jpg), „Taras Shevchenko painting 0208", marked as public domain, more details on Wikimedia Commons: https://commons.wikimedia.org/wiki/Template:PD-old

Taras Shevchenko creator QS:P170,Q134958 (https://commons.wikimedia.org/wiki/File:Taras_Shevchenko_painting_0148.jpg), „Taras Shevchenko painting 0148", marked as public domain, more details on Wikimedia Commons: https://commons.wikimedia.org/wiki/Template:PD-old

p. 43

Unknown authorUnknown author (https://commons.wikimedia.org/wiki/File:Іван_Якович_Франко.jpg), „Іван Якович Франко", marked as public domain, more details on Wikimedia Commons: https://commons.wikimedia.org/wiki/Template:PD-old

Mykolamarkovych (https://commons.wikimedia.org/wiki/File:Ivano-FrankivskRatusha.jpg), https://creativecommons.org/licenses/by-sa/4.0/legalcode

p. 44

н. (https://commons.wikimedia.org/wiki/File:Леся_Українка.1887.gif), „Леся Українка.1887", marked as public domain, more details on Wikimedia Commons: https://commons.wikimedia.org/wiki/Template:PD-old

Генріх Лазовський (https://commons.wikimedia.org/wiki/File:Леся_Українка.2.jpg), „Леся Українка.2", marked as public domain, more details on Wikimedia Commons: https://commons.wikimedia.org/wiki/Template:PD-old

p. 45

Fernando Arcos: https://www.pexels.com/photo/macro-photo-of-piano-keys-191240/

Ricardo Esquivel: https://www.pexels.com/photo/books-1926988/

p. 46

BARBARA RIBEIRO: https://www.pexels.com/ru-ru/photo/8506037/

LyudmilaOlegivna (https://commons.wikimedia.org/wiki/File:Музей_Лесі_Українки_(Колодяжне).jpg), https://creativecommons.org/licenses/by-sa/4.0/legalcode

p. 47

Klymenkoy (https://commons.wikimedia.org/wiki/File:Кропивницького_пл.,_1,_церква_св._Ольги_і_Єлизавети,_9109-HDR-Edit.jpg), https:// creativecommons.org/licenses/by-sa/4.0/legalcode

Konstantin Brizhnichenko (https://commons.wikimedia.org/wiki/File:Палац_Потоцьких._Львів_12.jpg), https://creativecommons.org/licenses/by-sa/4.0/legalcode

p. 48

Michael Doherty (https://commons.wikimedia.org/wiki/File:Eurovision_2022_-_Semi-final_1_-_Ukraine_-_Kalush_Orchestra_(02).jpg), https://creativecommons.org/licenses/by-sa/4.0/legalcode

p. 49

Alina Vozna (https://commons.wikimedia.org/wiki/File:Колядки_на_Проскуровской_2019._Фото_3.jpg), https://creativecommons.org/licenses/by-sa/4.0/legalcode

p. 50

anonymous (https://commons.wikimedia.org/wiki/File:Лисенко_Микола.jpg), „Лисенко Микола", marked as public domain, more details on Wikimedia Commons: https://commons.wikimedia.org/wiki/Template:PD-old

cottonbro: https://www.pexels.com/ru-ru/photo/7095726/

Ludwig Kwan: https://www.pexels.com/ru-ru/photo/7157476/

p. 51
SKDKArt (https://pixabay.com/images/id-7073120/)
p. 52
Maryia Plashchynskaya: https://www.pexels.com/ru-ru/photo/5384385/
fauxels: https://www.pexels.com/ru-ru/photo/3228915/
p. 53
Ketut Subiyanto: https://www.pexels.com/ru-ru/photo/4473444/
Pavel Danilyuk: https://www.pexels.com/ru-ru/photo/7802596/
p. 54
Александр Вепрев (https://commons.wikimedia.org/wiki/File:Ocean_Elzy,_Sochi,_2012.JPG), „Ocean Elzy, Sochi, 2012",
https://creativecommons.org/licenses/by-sa/3.0/legalcode
Ivasykus (https://commons.wikimedia.org/wiki/File:Oleksandra_Zaritska_MRPL_City_2018.jpg), https://creativecommons.org/licenses/by-sa/4.0/legalcode
p. 55
LTV Ziņu dienests (https://commons.wikimedia.org/wiki/File:Kalush_Orchestra,_May_2022.png), „Kalush Orchestra, May 2022",
https://creativecommons.org/licenses/by/3.0/legalcode
Albin Olsson (https://commons.wikimedia.org/wiki/File:ESC2016_winner's_press_conference_01.jpg),
https://creativecommons.org/licenses/by-sa/4.0/legalcode
p. 56
Катерина Васильєва (https://commons.wikimedia.org/wiki/File:Вєрка_Сердючка.jpg), https://creativecommons.org/licenses/by-sa/4.0/legalcode
original image: Albin Olsson derivative work: Hons084 (https://commons.wikimedia.org/wiki/File:ESC2013_-_Ukraine_09_(Edited_version).jpg), „ESC2013 - Ukraine 09 (Edited version)", https://creativecommons.org/licenses/by-sa/3.0/legalcode
p. 57
Yan Krukov: https://www.pexels.com/photo/two-men-holding-game-controllers-9071456/
Валерий Дед (https://commons.wikimedia.org/wiki/File:Kyiv_NSC_Olimpiyskyi_5.jpg), „Kyiv NSC Olimpiyskyi 5",
https://creativecommons.org/licenses/by/3.0/legalcode
p. 58
Andrea Piacquadio: https://www.pexels.com/photo/photo-of-singing-woman-in-red-top-and-black-framed-eyeglasses-listening-to-music-on-her-headphones-3762366/
Pixabay: https://www.pexels.com/photo/adolescent-blur-child-close-up-236149/
p. 59
Photo by Mykola Vasylechko. Світлина Миколи Василечка. / (https://commons.wikimedia.org/wiki/File:Kyevo-Mohylianska-akademia-1170.jpg), https://creativecommons.org/licenses/by-sa/4.0/legalcode
p. 60
Невідомо (https://commons.wikimedia.org/wiki/File:Kyiv-brats-monastyr.jpg), „Kyiv-brats-monastyr", marked as public domain, more details
on Wikimedia Commons: https://commons.wikimedia.org/wiki/Template:PD-old
p. 61
Unknown authorUnknown author (https://commons.wikimedia.org/wiki/File:KOstrogski.jpg), „KOstrogski", marked as public domain, more
details on Wikimedia Commons: https://commons.wikimedia.org/wiki/Template:PD-old
Unknown authorUnknown author (https://commons.wikimedia.org/wiki/File:Petro_Mohyla-_big.jpg), „Petro Mohyla- big", marked as public
domain, more details on Wikimedia Commons: https://commons.wikimedia.org/wiki/Template:PD-old
p. 62
Juanedc (https://commons.wikimedia.org/wiki/File:Universidad_Roja_de_Kiev.jpg), „Universidad Roja de Kiev",
https://creativecommons.org/licenses/by/2.0/legalcode
p. 63
Vinicius Wiesehofer (https://www.pexels.com/ru-ru/photo/1130626/)
Andrea Piacquadio (https://www.pexels.com/ru-ru/photo/774095/)
p. 64
DimasSolo (https://commons.wikimedia.org/wiki/File:Львівський_університет_ім,_Франка.jpg), https://creativecommons.org/licenses/by-sa/4.0/legalcode
p. 65
Николай Слета (https://commons.wikimedia.org/wiki/File:Karazin_univer2_(3).jpg), https://creativecommons.org/licenses/by-sa/4.0/legalcode
Buro Millennial (https://www.pexels.com/ru-ru/photo/1438072/)
p. 66
Max Fischer (https://www.pexels.com/photo/teacher-asking-a-question-to-the-class-5212345/)
Pixabay (https://www.pexels.com/photo/woman-reading-book-256455/)
p.67
ICSA (https://www.pexels.com/ru-ru/photo/adidas-1708988/)
p. 68
Pixabay (https://www.pexels.com/ru-ru/photo/207691/)
p. 69
Ibraim Leonardo (https://www.pexels.com/ru-ru/photo/2829793/)
Daniel Xavier (https://www.pexels.com/ru-ru/photo/1239288/)

p. 85

Leonst (https://commons.wikimedia.org/wiki/File:Паска_і_крашанки.2015.JPG), https://creativecommons.org/licenses/by-sa/4.0/legalcode

p. 86

PhotoMIX Company (https://www.pexels.com/ru-ru/photo/94847/)

Angry cat (https://commons.wikimedia.org/wiki/File:Писанки_Чернігівщини.jpg), https://creativecommons.org/licenses/by-sa/4.0/legalcode

p. 87

Jopwell (https://www.pexels.com/ru-ru/photo/2422292/)

Віталій Попков (https://commons.wikimedia.org/wiki/File:Писанки_на_Великдень.jpg), https://creativecommons.org/licenses/by-sa/4.0/legalcode

p. 88

AMartiniouk (https://commons.wikimedia.org/wiki/File:Martiniouk_Paska.JPG), „Martiniouk Paska", https://creativecommons.org/licenses/by-sa/ 3.0/legalcode

Kagor at the Ukrainian language Wikipedia (https://commons.wikimedia.org/wiki/File:Borschfreddo068ph1.jpg), „Borschfreddo068ph1", https://creativecommons.org/licenses/by-sa/3.0/legalcode

p. 89

A1 (https://commons.wikimedia.org/wiki/File:День_Незалежності_2015,_Київ_02.JPG), „День Незалежності 2015, Київ 02", https://creativecommons.org/publicdomain/zero/1.0/legalcode

spoilt.exile from Kiev, Ukraine (https://commons.wikimedia.org/wiki/File:Парад_техники_-_Equipment_parade_(29169832506).jpg), „Парад техники - Equipment parade (29169832506)", https://creativecommons.org/licenses/by-sa/2.0/legalcode

p. 90

Ministry of Defense of Ukraine (https://commons.wikimedia.org/wiki/File:В_Одесі_молоді_воїни_призову_"Весна-2017"_склали_військову_Присягу_на_вірність_Українс ькому_народові_(37888532332).jpg), „В Одесі молоді воїни призову "Весна-2017" склали військову Присягу на вірність Українському народові (37888532332)", https://creativecommons.org/licenses/by-sa/2.0/legalcode

Нацгвардія України (https://commons.wikimedia.org/wiki/File:Президент_оглянув_виставку_військової_техніки_до_Дня_захисника_України_7944_(22029826 669)_(cropped).jpg), „Президент оглянув виставку військової техніки до Дня захисника України 7944 (22029826669) (cropped)", https://creativecommons.org/licenses/by-sa/2.0/legalcode

p. 91

Kostiantyn Stupak (https://www.pexels.com/ru-ru/photo/190340/)

p. 92

Kindel Media (https://www.pexels.com/ru-ru/photo/7688087/)

Сергій Мандрик (https://commons.wikimedia.org/wiki/File:День_Незалежності_України_2015_21.jpg), https://creativecommons.org/licenses/by-sa/4.0/legalcode

p. 93

rovenimages.com (https://www.pexels.com/ru-ru/photo/949592/)

p. 94

Uk-Kamelot (https://commons.wikimedia.org/wiki/File:Museum_of_Folk_Architecture_and_Ethnography_in_Pyrohiv_2290.jpg), „Museum of Folk Architecture and Ethnography in Pyrohiv 2290", https://creativecommons.org/licenses/by-sa/3.0/legalcode

p. 95

Serhii Vasylkivsky creator QS:P170,Q1976375 (https://commons.wikimedia.org/wiki/File:Sergiy_Vasylkivskiy-_Dvir.jpg), „Sergiy Vasylkivskiy-Dvir", marked as public domain, more details on Wikimedia Commons: https://commons.wikimedia.org/wiki/Template:PD-old

p. 96

cogdogblog (https://commons.wikimedia.org/wiki/File:@dailyshoot-_2010-03-09-_Most_of_us_enjoy_some_symmetry_in_our_lives._Look_around_for_it_today_and_make_a_symmetrical_photo._(via_@melhutch)_-ds114_(4420870927).jpg), „@dailyshoot- 2010-03-09- Most of us enjoy some symmetry in our lives. Look around for it today and make a symmetrical photo. (via @melhutch) -ds114 (4420870927)", https://creativecommons.org/licenses/by/2.0/legalcode

Yurii-mr (https://commons.wikimedia.org/wiki/File:Pot_ukr_11.jpg), https://creativecommons.org/licenses/by-sa/4.0/legalcode

p. 97

Andrii Gladii (https://commons.wikimedia.org/wiki/File:Рушник_хрестиком,_с._Вівся_02.jpg), https://creativecommons.org/licenses/by-sa/4.0/legalcode

p. 98

pasja1000 (https://pixabay.com/images/id-4369013/)

Елвіс (https://commons.wikimedia.org/wiki/File:Пивниця_(Пирогів).jpg), „Пивниця (Пирогів)", https://creativecommons.org/licenses/by-a/3.0/legalcode

p. 99

AnnaTroicka (https://commons.wikimedia.org/wiki/File:Kryvorivnya_Franko_museum_kahli.JPG), „Kryvorivnya Franko museum kahli", https://creativecommons.org/licenses/by-sa/3.0/legalcode

Pavlo Boyko (https://commons.wikimedia.org/wiki/File:Kraina_Mriy_DSCN2171.jpg), „Kraina Mriy DSCN2171", https://creativecommons.org/licenses/by-sa/2.0/legalcode

p. 100

Густав-Теодор Паули (1817–1867) «Этнографическое описание народов России» («Description ethnographique des Peuples de la Russie») (https://commons.wikimedia.org/wiki/File:Українці02.jpg), „Українці02", marked as public domain, more details on Wikimedia Commons: https://commons.wikimedia.org/wiki/Template:PD-old

Printed in Great Britain
by Amazon